나는 어린이집에서 행복한 인생을 배웠다

나는 어린이집에서 행복한 인생을 배웠다

초판 1쇄 인쇄 2020년 6월 5일
초판 1쇄 발행 2020년 6월 15일

지은이 유병주(유 마리아)
펴낸이 우세웅
기획총괄 우 민
책임편집 이양이
기획·마케팅 정우진
북디자인 신은경

펴낸곳 슬로디미디어그룹
출판등록 제25100-2017-000035호(2017년 6월 13일)
주소 서울특별시 마포구 월드컵북로 400, 서울산업진흥원(문화콘텐츠센터)5층 20호
전화 02) 493-7780
팩스 0303) 3442-7780
전자우편 wsw2525@gmail.com(원고투고·사업제휴)
홈페이지 http://slodymedia.modoo.at
블로그 http://slodymedia.xyz
페이스북 • 인스타그램 slodymedia

ISBN 979-11-88977-50-5 (03190)
이 도서의 국립중앙도서관 출판예정도서목록(CIP)은 서지정보유통지원시스템 홈페이지(http://seoji.nl.go.kr)와 국가자료공동목록시스템(http://www.nl.go.kr/kolisnet)에서 이용하실 수 있습니다. (CIP제어번호 : CIP2020021756)

어린이집 원장 23년이
내게 만들어 준 기적

유 병 주(유 마리아)
지음

나는 어린이집에서 행복한 인생을 배웠다

슬로디미디어

|Chapter2|
일 억 원어치의 용서

|Chapter3|
진실함이 부르는 성공

|Chapter 4|
더 큰 꿈을 품다

|Chapter 5|
행복한 선생님의 다섯 가지 비결

마치는 글

추천의 글

꿈꾸는 나무

동네 뒷산에 둘레길이 생겼습니다. 한 시간 남짓 걸리는 고즈넉한 산길이지요. 능선 아래 제법 울창한 숲길, 예전에 보지 못한 풍경이 눈에 들어옵니다. 낯선 풍경은 낯선 생각을 일으키나 봅니다. 겉으로만 다니다 산속으로 들어온 느낌입니다.

나무들 사이로 나무가 보입니다. 수백 년 살아온 우람한 고목들, 바위에 뿌리를 내리고 비탈에 터를 잡은 나무들, 그 사이에는 길을 내느라 잘려나간 나무 등걸도 보입니다. 저 나무는 언제부터 이 산에 있는 것일까요. 산책하는 사람들이 태어나기 훨씬 전부터 저 고목은 숲에 뿌리를 내리고 있었겠지요. 그리고 오늘 그 앞을 지나간 사람들이 모두 떠나도 나무는 여전히 산에 남아 있을 겁니다.

등에 땀이 솟을 때쯤 나무 사이를 빠져나오면 샛길은 도서관으로 이어집니다. '어서 오세요' 줄지어 선 벚꽃 무리가 또 다른 숲으로 우리를 인도합니다. 서가에 가득 꽂힌 숱한 나무의 잔해들, 그 잔해들 속에 숲이 살아 있습니다. 누군가는 고목이 되고 누군가는 작은 관목이, 누군가는 잠시 피었다 사라지는 풀꽃이 됩니다.

사람은 누구나 자신의 나무를 심습니다. 모두가 자신의 삶에 한 그루 나무를 심고 가꾸며 살아갑니다. 그중에는 커다란 야망을 품은 나무도 있고 소박하게 작은 크기로 살고 싶은 나무도 있습니다. 여기 한 그루의 나무가 있습니다. 아름드리는 아니지만 지나온 계절을 뒤돌아 볼 만큼 충분히 큰 나무이지요.

이 나무는 추위가 닥치고 잎이 떨어져도 죽지 않습니다. 가지들 사이로 수액을 끊임없이 순환시켜 생명을 유지합니다. 사람들은 이 나무를 열정의 나무라고 부릅니다. 이 나무는 아주 작게 태어났지만 소담스런 자신의 숲을 키워 냅니다. 앞으로도 오랫동안 생생히 살아 있을 이 나무는 끊임없이 성장합니다. 우리는 이 나무를 배움의 나무라고 부릅니다. 또한 이 나무는 비탈에 서 있을 때도 치우치거나 쓰러지지 않습니다. 기꺼이 순종하는 나무에게 하늘은 현명함을 선물합니다.

이 나무는 꿈꾸는 나무입니다. 천년을 하루같이 살려고 노력하는 꿈꾸는 나무입니다. 꿈꾸는 나무와 함께, 열정과 배움, 현명함으로 가득 찬 그 숲으로 다시 들어가고 싶습니다.

『경청』, 『원칙 있는 삶』의 저자(박현찬)

들어가는 글

나의 꿈, 나의 인생

나의 꿈은 이 세상에 태어나지 말았어야 했다. 내 평생에는 불가능했기에 생각만 해도 눈시울이 붉어지고 가슴만 먹먹하게 하는 그런 꿈이었기에 말이다. 차라리 꿈을 꾸지 말았어야 했다. '어린아이들의 좋은 선생님'이 되는 꿈은 그리 대단한 꿈도 아니면서, 30년 동안이나 내 마음을 애태우고 졸이면서도 끈질기게 살아남았다. 고졸 학력이 그랬고, 경제적 여건은 더욱 그러했다. 두 아이의 엄마가 되어 버린 뒤에 그 꿈을 가꾸기엔 더 이상의 가능성을 찾을 수 없었다. '내 꿈인데 왜 안 되는 거지?' 안타까워서 눈물지으며 먼 하늘을 바라본 적이 한두 번이 아니었다.

열아홉 시절, 고등학교 졸업반 친구들 셋이서 거제도로 여행을 갔다. 여행 중 거제도 옆 지심도에서 처음 만난 아저씨에게 어찌된 일인지 내 인생에 대한 절망감을 털어 놓고 말았다. 일상을 떠나서 마음이 자유로웠는지 그 이유는 지금도 알 수 없다. 많이 우울해 하는 나를 격려하시던 아저씨는 석양이 지는 바다를 바라보면서 "이 세상에는 하루를 천년같이 사는 사람도 있지만, 천년을 하루같이 살아가는 사람도 있어. 그 두 가지 삶 중 어떤 삶을 살 것인지는 선택에 달려 있지."

나는 이날 이후, 천년을 하루같이 사는 사람의 모습을 그리며 '나도 그런 삶을 살 수 있을까?'라는 질문을 스스로에게 던지곤 했다.

부모님의 삶은 행복해 보이지 않았다. 그 당시 직장에서나 연애도 내게 안정감이나 행복감을 가져다 주지 못했다. 차라리 죽는 게 나을지도 모른다는 생각이 들기도 했다. 하지만 '자신의 선택에 달려 있다!'는 그 한마디 말은 생명수와 같이 한 줄기 빛이 되어 주었다. 어느새 '나도 좋은 선생님이 될 수 있을까?'라는 기대가 올라왔고, 그때부터 다시 선생님의 꿈을 붙잡고 용기를 냈다.

마침내 나는 그토록 꿈꾸던 선생님이 되었고, 원장실에 앉아 있는 내 모습을 보면서 눈물을 흘렸다. 얼마나 바라던 일인가.

23년을 하루같이 신나게 달려온 그 길은 어제 꿈꾸었던 나의 꿈이었다.

어제는 어린이집을 그만둔 지 일 년이 되어, 모처럼 만에 어린이집에서 함께 했던 선생님들이 모였다. 모두 14명이었다. 어린이집 이야기를 소재로 글을 쓰고 있다고 근황을 알리니 기뻐하며 야단들이다. 교사들은 내가 퇴근할 때 배웅해 주던 것이 행복했었다며 꼭 적어 달라고 한다. 행사가 있는 아침에도 반드시 모여 앉아 따뜻한 모닝커피와 함께 교사 스스로가 행복한 행사가 되기를 말하는 내가 좋았단다. 또, '보이지 않는 것이 보이는 것보다 더 중요하다'고 가르쳐 준 덕분에 자신들이 멋진 사람이 되었다고 말해 준다. 이런저런 이야기를 들려주는 어린이집 교직원들의 모습이 사랑스럽고 고맙다. 서로 헤어진 지 일 년이 지났지만 어제 만났던 사이처럼 정다운 가족들이다. 책 읽기를 좋아하는 선생님은 맛있는 것 달라고 보채는 어린아이처럼 얼른 초고라도 내놓으라며 손바닥을 내민다. 글 쓰는 일을 응원해 주는 그들 덕분에 나는 용기를 내어 이 글을 계속 쓸 수 있었다.

나는 어릴 때부터 아이들을 좋아하는 성격은 타고났는지 집안의 잔칫날이면 어른들의 바쁜 일손을 도우려고 어린 동생들을 맡아서 돌보곤 했었다. 그래서 유치원 선생님이 될 것 같다는 소리도 곧잘 들었다. 길을 가다가도 어린아이들의 모습이 귀여워서 걸음을 멈추고 바라보느라 약속을 늦기도 했다. '아이들은 어떻게 그렇게 천진할 수 있을까? 어쩌면 그렇게도 눈빛이 빛날 수 있을까?' 나는 아이들의 모든 것이 신비스러웠다. 시간이 흐를수록 어린 시절에 소망했던 아이들의 '좋은 선생님'이 되는 꿈은 하늘 높은 줄 모르고 내 가슴이 터질 듯 부풀고 간절해졌다.

큰아이와 막내가 초등학생이 되자 전업주부 옷을 벗고 꿈에도 그리던 선생님이란 이름으로 일을 시작했다. 남편과 친정아버지의 배려 덕분이었다. 지금껏 그 순간보다 더 나를 기쁘고 심장 뛰게 한 순간은 없었다. 일을 시작하면서 매일매일 한 자는 더 높게 날아가듯 신이 나서 뛰어 다녔다. 23년 동안 내 모든 열정을 뿜어내면서 시간조차 잊고서 살았다. 제3의 인생을 위하여 어린이집을 마무리할 때서야 23년 세월을 한숨에 달려왔다는 것을 발견할 수 있었다. 10년이면 강산이 변한다는데 강산이 두 번 이상 변했을 20년이 넘는 그 세월 동안 수많은 일을 겪으면서 살았다. 그러나 그 일들은 매순간 나를 새로운 모습으로 성장시켰다.

어린이집을 운영하면서 겪은 이야기는 나만의 인생 이야기다. 내가 걸어온 그 길은 인생 후배들에게 있는 그대로 좋은 정보가 될 것이다. 나의 실수를 보고 그들은 실수하지 않을 것이고, 내 삶의 이야기는 그들의 불안한 미래에 빛이 되어 줄 수도 있으리라.

이미 어린이집을 운영하는 원장과 교사가 되고자 하는 이들,

유아들을 현직에서 돌보는 교사들과 부모들이 이 책을 읽는다면 좋을 것 같다.

달리던 걸음을 멈추어 서서 그동안의 여정을 되돌아보니 그만 놀라운 진리를 발견했다, 어린이집 아이들과 부모, 그리고 교사의 성장과 행복을 위해 그렇게도 애태우면서 힘써 왔다고 생각했는데, 오히려 그들과 함께해 온 이 길이 나를 더 단단하게 성장하도록 안내해 주는 스승이 되어 주었다. 또한 가족들을 위해 늘 희생하고 헌신하는 내 모습을 보고 있었는데 그들은 나를 뿌리까지 지탱해 주는 큰 산이었음을 깨닫게 되었다. 이 글은 내 인생에 대한 고집스런 안경을 벗어 버리고 다양한 안경이 세상에 있음을 깨우쳐 주기도 했다.

어떤 꿈을 안고 어린이집을 시작했는지, 얼마나 부족하고 어설픈 시작이었는지, 그 시작하는 용기를 북돋워 주는 세상의 선물은 무엇이 있었는지, 그 많은 시련을 통하여 어떻게 행복한 선생님이 되었는지, 어떻게 새로운 꿈을 꾸고 이루었는지에 대한 이야기들을 여기에 실었다. 그리고 마지막에는 행복한 선생님이 되는 비결도 실었다.

이 글을 쓸 수 있게 된 것이 영광스럽고 행복하다. 큰 사람이라서 쓰는 글이 아닌 나라는 한 개인의 소소한 삶의 이야기가 누군가에게 위로와 희망을 줄 수 있다면 이 또한 얼마나 의미 있는 일인가. 사람들의 삶에 작은 나침반 역할을 해 줄 수 있다면 하는 소원을 담아 본다. 원장이란 이름을 통해 받은 선물을 헤아려 보면서, 이 글을 통하여 그 선물을 세상으로 되돌려 보낸다. 이 세상은 신기루와 같다. 꿈을 꾸는 자에게 덤까지 듬뿍 얹어 이루어 준다. 내 그릇으로는 다 받지 못할 넘치는 보람과 기쁨을 안겨 주는 신기루!

이 글을 쓰는 동안 도와준 많은 분들께 감사를 전한다. 그 분들에게 늘 평화가 있기를 간절히 기도한다.

2020. 5월

유병주(유 마리아)

Chapter 1

놓칠 수 없는 나의 꿈

다시 만난 꿈

나는 항상 선생님이 되고 싶었다. 그러나 방송대 중퇴 학력과 두 아이의 엄마가 된 현실에서 그 꿈을 이루기란 불가능해 보였다. 꿈에 도전하기보다 이루어질 수 없는 현실을 인정하면서 스스로 괜찮다고 위로했지만 괜찮아지지 않았다. 하고 싶고 잘 할 수 있는 일을 남겨둔 채 사는 일은 삶의 의욕을 잃어버리게 만들었다. 친구가 성탄절 선물로 가져다 준 작은 액자에는 '오랫동안 꿈을 그리는 사람은 그 꿈을 닮아간다'라는 글귀가 적혀 있었다. 결국 나는 그 글귀처럼 꿈을 버리지 못한 채 매일 꿈을 이루기 위해 몸부림쳤다.

남편은 연애 시절부터 적어도 자신의 키만큼 책을 쓰고 싶다고 했고, 나는 그의 말에 푹 빠지게 되었다. 내가 그렇게 살지 못할 것이라면 남편이라도 그런 삶을 살 수 있도록 그를 응원하기로 마음먹었다. 결혼을 하게 되면 그가 서재에서 있는 시간 동안 최대한 집중할 수 있도록 협조하는 지혜로운 아내가 되기로 다짐도 했다. 남편은 대학원 과정을 밟으며 학력도 높았고, 어느 분야에서든 박식해서 내가 모르는 것이나 궁금한 것을 이해하기 쉽게 잘 설명해 주었다. 지금처럼 인터넷만 연결되면 다양하고 전문적인 지식을 알 수 있었던 때와는 달랐기 때문에 남편의 박학다식한 모습이 든든하고 좋았다.

가난한 농군의 맏딸로 태어난 나는 어린 시절 학교 과제를 어떻게 해야 할지 물어볼 사람이 없어 답답해 한 적이 한두 번이 아니었다. 부모님은 농사일로 바쁘셨고, 손위 형제도 없었기 때문에 과제는 내가 알아서 해야 했다. 그런 내게 남편의 말 한 마디는 내 안의 답답함을 사막의 오아시스처럼 시원하게 해 주었다. 아이들이 태어나면 나의 부족한 부분을 채워 주면서 아이들에게 자상하게 가르쳐 주는 아빠의 모습을 선명하게 그릴 수 있었다. 그러나 막상 스물다섯 나이에 시작한 결혼생활은 그리 호락호락하지 않았다. 아이가 태어나니 밤낮 없이 아이에게 매달려 있어야 했고, 그 덕분에 남편과 나도 맑은 정신으로 아침을 시작하지 못하는 날이 더 많았다. 꿈은 접어 두고서라도 하루하루가 전쟁이었다.

나는 중학생 때부터 자취를 했기 때문에 먹는 것이 항상 부실했다. 그래서 체력이 약했는데 그런 내가 엄마가 된 것이다. 엄마가 되고 보니 그동안 내가 겪었던 일들은 어려움이 아닐 만큼 또 다른 희생이 필요한 일이었다. 전업주부가 되어 두 아이를 키우는 일은 내 시간과 에너지를 모두 쏟아도 부족했고, 요리 같은 서툰 일을 하느라 어느새 자존감까지 낮아졌다. 물론 아직도 나의 요리 솜씨는 썩 좋지 못해서 집으로 손님을 초대하는 일이 가장 두렵다.

신혼 시절에는 친정과 멀리 떨어져 살았기 때문에 누구의 도움 없이 혼자 육아를 책임질 수밖에 없었다. 연년생에 가까운 어린아이 둘을 키우다 보니 혼자 마음 놓고 숨 한 번 편히 쉬지 못할 때가 많았다. 아마도 아이를 키워 본 사람이라면 누구나 알 것이다. 독박 육아로부터 벗어나는 길은 남편을 기다리는 일이라는 것을. 하지만 남편은 그 당시 고등학교 선생님으로 첫 부임을 하여 오전 7시에 출근하여 밤 11시에 돌아오는 일과였다. 그런 남편도 직장에서 쌓인 스트레스를 푸느라 주말이면 자신이 즐기는 테니스와 낚시를 가느라 주말 동안 집을 비우는 일이 많았다. '아이는 나만 키우라고 낳았나? 해도 해도 너무 한다'라면서 남편의 뒷모습을 보며 원망도 했다.

우리는 신혼 기간을 직장 내 스트레스와 육아 스트레스로 서로를 이해하거나 돌봐주지 못한 채 시간을 보냈다. 친정과 시댁은 모두 서울과 경기 지역이었기에 그 당시 내가 살던 충무와는 고속버스로 6시간 이상이 걸리는 거리였다. 그래서 명절에만 겨우 찾아갔는데 아이가 아파서 그조차도 가지 못할 때가 있었다. 아무 연고가 없는 충무에서 스스로 초보 부모 역할을 해내기란 어려웠다.

부모 역할은 늘 내가 세운 계획대로 이루어지지 않았고 복병이 따랐다. 특히 첫째가 유치원에 다니지 않겠다고 떼를 쓸 때는 학교에 가서도 적응하지 못하면 어쩌나 하는 걱정으로 밤잠을 이루지 못할 때가 있었다. 부모 교육 강사가 된 지금 생각하면 그 당시 초보 엄마인 내가 알아야 할 메시지들이 있었을 텐데 나는 그런 것들을 무시한 채 걱정과 두려움만 있었던 것이다.

남편과 소통이 안 되니 육아 고민을 나눌 사람이 없었고, 어느새 아이들은 훌쩍 자라 있었다. 내 안에 자리 잡은 외로움과 우울감은 사라지지 않은 채 더 이상 내일이 기다려지지 않았다. 내가 그토록 사랑한 남편의 모습은 실망스러웠고(남편도 나의 어떤 부분에 실망을 했겠지 싶다.), 결혼 생활이 이런 것이었나 싶은 회의감이 들었다. 그때 나는 이렇게 사느니 차라리 이혼을 하는 편이 낫겠다는 생각이 들었고 부모님께 편지를 쓰기 시작했다. 눈물이 어찌나 나던지 손등을 적시고도 충분했다.

-부모님 전 상서-

제가 이혼을 하기로 했습니다. 남편과 사는 결혼 생활은 제가 바라는 삶이 아니에요. 그래서 저는 새로운 삶을 살고자 합니다. 부모님 부디 용서하시고 저를 이해해 주세요. 큰딸인 제게 기대를 많이 하셨기에 그 마음을 생각하면 눈물부터 납니다.

여기까지 적어 놓고 실컷 울었다. 한참을 울고 나니 신기하게도 마음이 가벼워진 것 같았다. 이혼을 하려는 뚜렷한 이유가 뭐였는지조차 어느새 잘 알 수 없게 되었다. 부모님의 이해를 받고 싶었지만 아무래도 부모님은 이해를 못하실 것 같았다. 문득 부모님께 불효를 저지르고 있다는 생각이 들었다. 옆에서 잠든 아이들의 얼굴을 쳐다보니 마음이 약해졌다.

'내가 지금 무슨 일을 하고 있지?'

'남편이 이 사실을 알게 되면 뭐라고 할까?'

영문을 몰라 당황하는 남편의 모습이 그려졌다. 그러다 답을 찾았다. 내가 바란 것은 단지 지금 내가 힘들다는 것을 남편과 부모님이 알아줬으면 하는 것이었다. 꼬리에 꼬리를 무는 나 자신에 대한 질문을 하다 보니 이혼을 해야 하는 이유보다 하지 말아야 할 이유를 찾게 되었다.

'아이들에게 좋은 엄마가 되고 싶고, 남편과도 훌륭한 가정을 꾸리고 싶다면 어떻게 해야 할까?'

스스로에게 이러한 질문을 던지기 시작하자 나 혼자만의 이혼 소송은 막을 내리게 되었다. 지금 생각해도 가슴 떨리는 순간이다. 부모님께 쓴 편지 한 장이 나를 절망에서 새롭게 출발할 수 있는 힘을 주었고 이제는 누구에게 기대는 것이 아닌 내 자신에게 따뜻한 격려의 말을 할 수 있게 되었다.

'누가 없으면 어때?'

그날 이후, 새로운 마음으로 남편을 바라보기 시작했고, 내 나름대로의 지혜를 쌓기 시작했다. 어느새 결혼 생활은 안정되었고 부부 관계도 더욱 성숙해졌다. 참 다행스러운 일이었다. 무엇보다도 막내가 유치원을 다니게 되면서 내 손이 가는 일이 줄었다. 아이들이 스스로 자신의 일은 해결할 줄 알게 되면서 오히려 나를 도와주었다. 막내까지 유치원에 보내자 결혼 10년 만에 드디어 내 일상에 여유가 생기기 시작했다. 나는 애초에 아이가 태어나면 막내가 초등학생 3학년이 될 때까지는 직장생활을 하지 않겠다고 마음먹었었다. 가정생활에 여유가 생기자 그때 조심스럽게 잊고 지냈던 꿈이 다시 떠올랐다.

"좋은 선생님이 되고 싶지?"

"세계여행을 다니고 싶지?"

"피아노를 치며 아이들과 놀아 주고 싶다고 했지?"

꿈 주머니에서 쏟아져 나오는 말들은 내 마음을 춤추게 했다. 꿈들은 내가 그 이름을 불러 주기만을 기다리고 있었던 것 같았다. 이 꿈들과 나의 발걸음을 함께 하고 싶다는 희망을 품은 채 매일매일 나의 꿈과 만나는 시간을 보냈다.

잊지 못할 선생님

내가 다닌 초등학교는 한 학년이 두 학급으로 총학급이 12개인 산골 학교다. 내가 첫째여서 그런지 부모님은 아무리 바빠도 내 학교생활에 관심을 가져 주셨고, 숙제를 가르쳐 주시지는 못했지만 학교 준비물을 잘 준비할 수 있도록 도와주셨다. 가장 기억에 남는 일은 내가 등잔불 아래에서 엎드려 숙제를 할 때면, 달려드는 4명의 동생들을 떼어내 주시느라 바쁘셨다.

막내 동생은 기어 다니다가 등잔불 옆에 있는 뾰족한 촛대에 코를 찔린 사고도 있었는데 지금도 미안한 마음이 든다. 당시만 해도 어려운 시절이라 기름마저 아껴야만 했다. 그러나 부모님은 내가 숙제를 다 할 때까지 늘 기다려 주셨다. 매일 아침 등교 시간이면 학교에 함께 다니는 마을 언니 오빠들이 우리 집에 찾아왔고, 엄마는 필통에서 부러진 연필이 있는지 살피셨다. "우리 병주 잘 데리고 가라. 응? 고맙다!"라고 하시며 내 등굣길을 배웅해 주셨다.

언니, 오빠를 따라서 학교 가는 길에는 조그만 개울도 있었고, 아랫마을로 내려가는 길도 있었다. 하늘에 날아가는 새를 바라보다가 좁은 논두렁길 아래로 미끄러져 떨어질 때도 있었지만 그럴 때마다 언니, 오빠들이 도와주었다. 우리 동네를 벗어나 오두리 마을에 도착하기 전에 징검다리가 놓여 있는 큰 돌보개울이 있었다. 이곳은 장마철마다 개울물이 넘쳐서 항상 조심해야 하는 곳이었다. 물이 불어 건널 수 없게 되면 아이들은 모두 무서워서 난리가 났다. 울면서 집으로 돌아가는 친구도 있었으니 말이다. 그렇다고 동네 아이들이 학교를 가지 못하는 것도 안 되는 상황이었기 때문에 이때마다 윗동네에 사시는 선생님이 미리 개울가에 오셔서 우리를 기다리고 계셨다.

"걱정하지 마라. 선생님이 건너게 해 줄게."

선생님은 양복바지를 무릎 위까지 접어 올리신 채 징검다리를 아이들이 건널 수 있게 잡아 주셨고, 그것도 안 되는 어린아이는 직접 업어서 건너 주셨다. 무사히 개울을 건넌 오빠들은 자신이 해냈다며 기쁨의 탄성을 지르기도 했고, 중간에 개울에 빠진 오빠들은 집으로 다시 돌아가 옷을 갈아입고 오기도 했다. 지금도 큰물을 보면 무섭다. 그러나 그때 선생님의 등은 따뜻했고 덕분에 학교를 즐겁게 다닐 수 있었다. 지금 그 넓고 따뜻했던 등을 항상 내주셨던 선생님은 도시에 계시다가 다시 고향으로 오셨다. 50년도 훌쩍 넘은 이야기를 추억 삼아 선생님에게 이야기를 하면 선생님은 무덤덤하게 "그랬었나?"라며 받아주신다. 지금 생각해 보면 비가 올 때마다 그리 아이들을 챙기셨으니 참 번거롭고 힘이 드셨을 것 같다는 생각이 든다. 아마도 내가 선생님이 되고 싶다는 꿈을 갖기 시작한 것이 이때였던 것 같다.

매학기마다 무용, 공작, 서예, 미술 등 읍내 경연대회가 열렸다. 그래서 학교 선생님들은 출전할 아이를 찾아보셨는데 나는 늘 무용, 주판, 공작 대회에 나가는 단골 선수였다. 아마도 실력이 좋아서라기보다는 선생님 말씀을 잘 따르고 가르치기가 수월했기 때문이었던 것 같다. 내가 잊지 못할 선생님을 만난 것도 이때의 일이다. 나는 고전무용 대회에 출전하기 위해 연습을 하고 있었다. 그러나 몸이 생각처럼 움직이지 않으니 아홉 살 눈에서는 눈물이 났고, 잔득 주눅이 들어 있었다.

"다시! 다시 하란 말이야!"

오늘은 연습을 그만했으면 좋겠는데 선생님은 내가 할 때까지 계속 다시 시키셨다.

"다시! 처음부터 다시!"

종일 열심히 했지만 나아지지 않는다고 재촉하는 선생님을 보고 있으니 당장이라도 그만두고 싶었지만 괜히 부모님이 걱정하실까봐 이러지도 저러지도 못한 채 속앓이를 했다. 어느새 무용 경연대회 날이 열렸고 부모님은 내가 대회에 나간다며 들뜬 마음으로 분주히 움직이셨다. 대회는 한겨울에 열려서 새벽부터 움직이지 않으면 시작 시간에 도착할 수가 없었다.

아버지는 내가 자전거에 타기 전, 내가 춥지 않도록 꽁꽁 싸매주셨다. 새벽부터 울퉁불퉁한 시골길을 1시간 가까이 한 번도 쉬지 않고 달리면 읍내에 도착한다. 아버지의 이마에는 땀이 흐르는데 콧수염에는 고드름이 매달려 있었다. 지금에서야 마스크도 제대로 없던 시절에 맨얼굴로 겨울바람을 가로질러 내달린 아버지가 얼마나 힘이 들고 추우셨을까 생각이 들지만, 그때는 그저 아버지가 있기에 든든한 마음뿐이었다.

나는 무용에 소질이 있는 소녀가 아니었다. 그래서 대회가 빨리 끝났으면 좋겠다는 생각을 하는 평범한 아이였다. 그런데 3학년이 되어도 다시 이 무용 선생님과 연습을 해야 한다고 하니 주저앉아 울고 싶을 만큼 싫었다. 그런데 그때 내 마음속에는 아주 선명한 꿈이 생겼다. 바로 "나는 이다음에 꼭 선생님이 될 거야. 그래서 무용을 가르쳐 줄 때 친절하게 말해 주는 좋은 선생님이 될 거야. 아이와 마음이 통하는 그런 선생님이 꼭 될 거야!"

이렇게 생긴 꿈은 내가 잠시 그 꿈을 잃어버리고 방황하는 순간에도 언제나 내 삶의 동반자가 되어 함께 걸었다. 그리고 나는 서른여섯 살에 내 꿈에 날개를 달고 작은 어린이집을 개원했다. 물론 사랑하는 부모님과 남편의 경제적인 지원을 한 몸에 받으면서 시작했지만 이들이 없었다면 내 꿈은 사라져 버렸을 것이다.

꿈이 아무리 불가능해 보인다 하더라도 어림없다며 “다시!”라는 소리에 좌절할 필요는 없다. 꿈을 꾸다 보면 어느새 그 꿈을 이룬 자신을 꼭 발견하게 될 것이다. 그러니 ‘내 꿈을 이룰 수 있을까?’라며 불안해하기보다는 꿈을 이루고 싶다는 간절한 마음을 갖도록 해 보자. 아마 그 꿈이 자신의 길을 묵묵히 안내할 것이다.

엄마는 나의 첫 선생님

남편과 연애를 할 때부터 내가 아이를 낳는다면 어떻게 생겼을지 궁금했었다. 나는 아이를 몹시 좋아하는 성격이었기에 더 궁금했었던 것인지도 모른다. 결혼을 하고 얼마 뒤에 임신을 했다. 그때부터 내 몸은 더욱 소중한 존재가 되었고 내 모든 몸가짐 상태가 아이에게 영향을 끼친다고 생각하니 좋은 생각만 하며 지내기로 노력했다. 출산을 앞두고 자연분만을 포기하고 싶을 정도로 진통이 심하게 찾아왔다. 간호사가 마지막으로 힘 한 번만 주라고 해도 그 힘이 나오지를 않았다. 그래도 아이를 만나야겠다는 생각에 힘을 주자 곧 첫째의 울음소리를 들을 수 있었다.

우리는 세 식구가 되었고, 모든 것이 달라졌다. 아기 울음소리,

미소, 옹아리에 모든 가족의 눈길이 향했고, 친정 부모님은 내가 아들을 낳았다고 하니 딸만 키우시다가 더 좋다고 하시며 길거리에서 춤이라도 추시겠다고 했다. "내가 못 낳아본 아들을 어떻게 해서 낳았는가?"라며 사위에게 생전 안 하시던 농담도 하셨다. 집안의 경사였다. 그때부터 아이와 나는 일심동체가 되었다. 함께 자고 일어나며, 배가 고프면 밥을 먹고, 온종일 놀아 주면서 아이가 원하는 것을 해결해 주었다. 이때부터 내 삶도 엄마의 역할이 시작되었다. 내 이름은 어느새 '엄마'가 되었고, 둘째가 태어나고서 꼬박 10년을 두 아들을 위해 내 시간을 바쳤다.

나도 아이를 키우면서 자식 바라기라도 된 듯 아이가 새로운 말을 할 때마다 더 부풀려 한 가지 단어를 말했을 뿐인데 열 가지 단어를 말했다고 자랑하는 허풍쟁이 엄마가 되기도 했다. 아이는 신비로웠고 사랑스러웠기 때문에 스스로 행복한 거짓말이라는 핑계를 대며 아이들과 함께 했다.

어느 날, 두 돌이 채 안 된 아이를 잃어버린 적이 있었다. 세발자전거를 겨우 탈만큼 걸음마 뗀지가 얼마 되지도 않은 상태였는데 감쪽같이 사라진 것이었다. 누가 유괴를 한 것으로 생각이 이어지니 울음조차 나오지 않았다. 숨쉬기가 곤란해지기 시작할 때 지나가던 이웃이 "여기가 비탈길이니 아기가 자전거에 밀려서 길을 따라 내려간 것이 아닐까요?"하며 이야기를 해 주었다. 그제야 나는 아이가 내려갔을 길을 찾아 헤맸고 곧 아이를 찾을 수 있었다. 아이를 잠깐이라도 잃어버렸다가 다시 찾은 부모라면 알 것이다. 그 순간의 기쁨은 아이에게 바랄 것도 더 이상 없이 그저 감사할 따름이었다. 나도 이렇게 아이와의 우여곡절 끝에 좀 더 성숙한 엄마가 될 수 있었다.

둘째는 진통을 심하게 겪지 않고서 낳았는데 양수를 너무 많이 마셔서 곧바로 큰 병원으로 이송되었다. 남편은 그 갓난아기를 안고 한 시간 동안 다른 지역 병원으로 이동하던 그 순간을 평생 잊지 못할 것이라고 이야기했다. 아이가 숨을 멈추었을까봐 무서워서 이불에 싸여 있는 아이 얼굴을 수백 번은 더 확인하면서 갔다고 했다. 인큐베이터에서 2주간 있던 아이는 2.9킬로그램에서 2.5킬로그램으로 체중이 줄어 내 품에 안겼다.

"병원에 있던 아이가 왜 몸무게가 이렇게까지 빠졌을까?"라며 둘째를 처음으로 안았다. 기다렸던 순간만큼 아이가 안쓰러워서 얼마나 울었는지 모른다.

"이제 엄마가 있으니 안심해. 아빠와 함께 너를 꼭 건강하고 튼튼하게 키울 거야."

집으로 돌아온 둘째는 모유를 실컷 먹고 잠이 들었다. 그리고 아주 잘 자랐다. 이때의 경험은 가족의 건강이 얼마나 중요한 것인지 다시 한번 깨닫고 감사할 줄 아는 마음이 새겨진 때였다. 둘째는 나의 바람대로 건강한 청년이 되었다. 특히 부모의 건강과 운동을 책임지는 매니저 역할을 톡톡히 하고 있다.

두 아들을 키우는 엄마의 삶은 전쟁과도 같다. 아직 두 돌이 채 안 되어 자기 앞가림도 못하는 시기에 동생을 보았으니 형제는 같이 커가는 것이나 다름없었다. 엄마가 되고 보니 이 전쟁과도 같은 일상생활에서 스스로 나를 강인하게 만들기 시작했다. 통영에서 시작한 육아는 자주 어려움이 발생했고 그때마다 쩔쩔매는 나를 발견했다. 남편은 그 당시 야간 자율학습 돌봄이 있어 매일 자정이 넘어서야 귀가했다. 그래서 그의 도움을 기대할 수도 없었다. 둘 중 한 아이가 아플 때면 더 난리였다. 한 아이는 놀아 달라고 울고, 한 아이는 아프다고 울고 그럴 때면 주저앉아 아이들을 부둥켜안고 울었다. 어느새 아이들이 커서 집에 혼자 있을 수 있는 때가 되자 나도 그동안 못했던 신앙생활도 다시 시작할 수 있었고, 생활의 재미가 늘어만 갔다.

"엄마 성당에 간다. 동생 잘 부탁해. 사랑해."라고 새벽 미사를 가기 전 간단히 적어서 텔레비전 화면에 메모지를 붙여두면 아이들은 내가 돌아오기를 기다리며 다정하게 놀고 있었다. 다섯 살 큰아이는 동생과 놀아 주면서 내 말투까지 똑같이 흉내 내었는데 지금도 생각하면 감격스럽다.

"엄마가 붙여 놓고 간 편지 내가 읽었어. 엄마 성당에 다녀오는 동안 다 읽었어. 여기 엄마가 적은 사랑해도 읽었어. 그리고 동생이 울어서 내가 달랬어."

큰아이에게 너무 고마워서 꼭 안아 줄 때면 어느새 동생이 우리 둘 사이를 비집고 들어와 "나도, 나도."라며 종알거렸다.

"그래, 우리 더 많이 서로 사랑하자. 사랑해!"

둘째는 병원에서 집에 온 이후로 얼마 되지 않아 체중이 늘어 우량아 선발대회까지 나갈 정도였다. 특히 어려서부터 책에 대한 관심이 남달랐고 집중력도 아주 좋았다. 유치원에 처음 보낼 때 나와 떨어지기 싫다며 "나는 엄마가 좋은데 나를 떼어 놓고 무엇을 하려고 그러나. 나는 가기 싫어!"라며 슬픈 사설을 읊듯 울었다. 그 모습이 귀여워서 동네 아줌마들과 얼마나 웃었는지 모른다. 그러던 둘째는 하루 이틀 만에 유치원에 적응해서 잘 다녔다. 아이들은 매일 기적과 같은 행동을 선사한다. 그 어느 누가 내게 이런 기쁨과 감격을 줄 수 있다는 말인가?

두 아이가 걷고 뛰면서 다툼도 시작되었다. 형은 언제나 동생보다 먼저 배우는 지식의 선구자다. 동생은 늘 그것을 부러워하면서 뒤따라 흉내를 낸다. 책을 읽어 줄 때도 큰아이는 동생에게 '그것도 모르냐?'는 식으로 핀잔을 주기도 한다. 동생은 기필코 형에게 읽어 주는 책을 자신도 듣겠다며 내 무릎 위를 차지하다가 형에게 머리를 '콩' 쥐어 박히기 일쑤다. 기분이 좋을 때는 여기에서 끝이 나지만 기분이 좋지 않은 날에는 둘이 전쟁이 일어났다. 도망가고 잡히고 때리고 울고 부딪혀 다치기도 하며 나에게 도움을 요청하기도 한다. 물론 나도 내 기분에 따라 웃기도 하고 함께 전쟁을 치르기도 했다. 칼릴 지브란Kahlil Gibran은 《예언자》라는 시집에서 자녀에 대해 이렇게 말했다.

그대의 자녀들은 그대의 자녀들이 아니다.
그들은 스스로 삶의 열망을 지닌 아들이며, 딸이다.
그들은 단지 그대의 몸을 통해서 세상에 온 것이지,
그대로부터 온 것은 아니다.

그대가 자녀들과 함께 있다고 해서
자녀들은 그대에게 속하지 아니하며,
그대는 자녀들에게 사랑을 줄 순 있지만
그대의 생각을 줄 순 없다.
자녀들도 그들의 생각을 가지고 있으므로

그대는 자녀들을 위해 육체의 집을 제공할 순 있지만
영혼의 안식처는 제공할 수 없다.
자녀들의 영혼은,
그대가 그들의 꿈에서조차 방문할 수 없는
내일의 집에서 살고 있으므로

그대가 자녀들처럼 되려고 노력할지라도

자녀들을 그대처럼 만들려고 하지 말라.
삶은 뒤로 가는 것이 아니며,
어제에 머물러선 아니 되는 것이므로

만일 이 시를 내가 아이를 키울 때 만났더라면, 아이들을 조금 더 믿고, 기다려 주는 엄마가 되지 않았을까? 아이들이 좌절하고 실패했을 때 걱정만 하고 안달하는 엄마의 모습은 덜었을 것이라는 기대를 해본다. 아이들 스스로 경험을 통해 지혜를 쌓으며 마음의 근육을 키울 수 있도록 돕는 부모가 되고 싶다. 하지만 그때는 모든 점에서 미숙하기만 한 초보 엄마였기 때문에 실수도 후회도 많이 했다. 하지만 그 과정을 통해 나도 더욱 성장했고 더 가족을 사랑할 수 있게 되었으니 고마운 시절이다. 아이를 키우는 그 시간이 내겐 황금기였다. 아이들은 언제나 내게 최고의 선물이고, 내가 아이들에게 생애 최초의 선생님이 되는 시기이기도 했다. 나 역시 있는 힘껏 아이들을 사랑하고, 나의 모든 것을 내어주는 충실한 선생님이 되었다.

훗날 내가 어린이집을 직접 운영하면서 내가 아이들과 함께 놀이를 했던 경험이 큰 도움이 되었다. 책을 읽어 주던 일이 동화 구연으로 연결되었고, 자장가를 불러 주고 함께 부르던 노래는 유아들의 음악을 연구하는 데 도움이 되었다. 무엇보다도 두 아이의 다툼을 중재하는 방법을 연구하던 일이 부모 교육으로까지 연결되어 오늘날 부모 교육 강사가 되었다. 꿈을 이루기 위한 열정은 그 꿈을 현실화시키는 데 큰 역할을 한다는 것을 잊지 말아야 한다.

꿈을 이루는 길

내게는 잊지 못할 은인이 있다. 막내는 유독 성격이 명랑했다. 사람을 잘 따르기도 했는데 그래서인지 이웃집에 사는 유리 엄마가 막내를 유독 예뻐했다. 성격도 조용하고 늘 평화로워서 아이들도 잘 따랐는데 남편의 선배 아내였다. 어느 날 우리 집에 방문한 그녀가 주방에 한가득 널려 있는 식기류를 보며 "주방에 그릇이 널려 있으면 요리하기가 불편하니 요리를 하면서 하나씩 정리해 봐요."라고 조언해 주었다. 별 이야기가 아닌 것 같아도 그 당시에 나는 온갖 그릇을 다 꺼내 놓고 요리를 하고 맨 나중에야 정리를 하던 습관이 있어서 식사 뒤 그릇을 정리하느라 시간이 많이 소요되었다. 그 방법대로 생채를 무치고 나서 무친 그릇을 정리한 후 다음 요리를 하는 방법으로 한 가지씩 해결하다 보니 어느새 정리된 주방에서 일할 수 있었다.

어느 날 그녀에게 내 꿈을 이야기하다가 그만 눈물을 왈칵 쏟고 말았다. 꿈을 이루기 위해 사람은 항상 준비를 해야 한다는 조언과 함께 유치원 교사가 되기 위한 필수조건인 피아노를 알려주겠다고 했다. 물론 피아노를 치는 동안 세 살짜리 막내도 본인이 돌봐 준다고까지 했다. 그 순간 내 마음은 미안함 대신 어떻게든 해 보고 싶다는 생각으로 심장이 요동치고 있었다.

그 당시 이사를 계획하고 있었는데 이사를 가면 막내를 업고 30분 이상 논길을 걸어야 했지만 전혀 문제가 되지 않았다. 그렇게 그 길을 일 년을 다녔다. 막내는 내가 피아노를 배울 동안 언니가 잘 돌봐줬고, 덕분에 나도 마음 편히 배울 수 있었다. 언니는 내가 두 아이의 엄마로서 사느라 뒤편으로 했던 꿈을 다시 꺼내 볼 수 있도록 만들어 준 은인이다. 꿈을 이룰 길이 없다고 답답해하던 나에게 오아시스 같은 인생을 선물해 준 사람이다. 지금은 연락이 끊겨 어디에서 사는지조차 모른다. 꼭 언젠가 한번은 만났으면 좋겠다.

두 배의 행복

1994년 봄에 친정아버지가 "네가 그토록 원하는 일이니 한번 시작해 봐라. 오백 만 원이다!"라고 말씀하시면서 어린이집을 시작할 수 있는 종자돈을 주셨다. 남편도 내 꿈을 응원한다며 힘을 실어 주었다. 내 꿈을 격려해 주는 가족에게 고마운 마음에 눈물이 났다. 남편은 "당신이 아이들을 좋아해서 시작하는 일이니 잘할 수 있을 거야. 그 마음 변치 않길 바라요. 그리고 돈은 내가 벌어 올 테니 아이들을 사랑하는 그 마음이 행여 식으면 그때는 당장 그만둬요."라며 진심 어린 당부를 잊지 않았다. 나도 남편과의 약속을 늘 명심하겠다고 생각했다. 처음은 아양동에 위치한 미술학원 자리에서 보증금 1,000만 원에 월세 20만 원으로 시작했다.

어린이집을 개원할 수 있는 기회가 내게 주어졌다는 것이 꿈만 같았다. 우선 선생님 한 분을 모시고, 나는 밥도 짓고 교육을 하고 운영도 하며 일인 다역으로 출발했다.

주공 아파트 상가 2층에 자리 잡은 어린이집 앞에는 미용실이 있었고, 옆에는 수입 코너를 운영하는 사장님도 계셨다. 뒤쪽에는 분식집과 세탁소가 있었는데, 상가 2층 이웃들의 푸근한 선의가 낯선 시작을 하는 내게 큰 힘이 되었다. 미용실의 막내 딸, 분식집의 조카, 수입 코너의 조카, 세탁소 아저씨의 친척 아이까지 모두 내가 운영하는 어린이집에 보내 주셨으니 참 감사할 따름이었다. 지금은 뿔뿔이 흩어져서 살고 있지만, 그때 그 이웃들이 나누어 준 온정에 힘입어 오늘날의 나를 세울 수 있었다.

그러나 상가 내에 위치한 어린이집은 아이들에게 적합한 환경은 아니었다. 창문이 단창이라서 실내 보온이 어려웠고, 그럴 때면 아이들에게 해로운 석유난로를 피워 온기를 더해야 했다. 또한, 주변 소음이 다 들려 교육에 집중하지 못할 때도 있었다. 그러나 가장 큰 문제는 화장실이었다. 다섯 살 아이들은 좌변기를 이용해야 했는데 어른도 힘든 일이라 아이들에게는 더욱 미안했다. 열악한 환경이었지만 그래도 그 안에서 아이들과 나는 재미있는 놀이를 하면서 행복한 시간을 보냈다.

나는 오직 어린이들이 스스로 존중받아 마땅한 존재라는 것을 느끼게 해 주고 싶었다. 그래서 어린이집이 재미있고 가고 싶은 곳이 되었으면 좋겠다는 생각뿐이었다. 물론 교육 과정에 맞는 교육을 철저히 준비하는 것도 내 몫이었다. 어릴 적부터 꿈꾸던 '마음씨 좋은 선생님', '아이들과 마음이 통하는 선생님'이 될 수 있도록 최선을 다했다.

아이들을 돌보며 가장 주력했던 일은 동화책 읽는 시간이었다. 내가 얼마나 실감나게 읽었는지 아이들뿐만 아니라 이웃들도 저마다 동화를 잘 들었다며 칭찬해 주셨다. 고맙기도 하고 부끄럽기도 했다. 그것은 내 자식들에게 책을 읽어 주던 습관이 있어 어려운 일은 아니었다. 아이들의 반짝이는 눈을 바라보면서 동화를 읽어 주다 보면 나도 모르게 몰입이 되어서, 그 내용에 따라서 함께 웃고, 울기도 했다. 10명도 안 되는 아이들로 시작했는데 두 세 달 만에 18명 정원이 꽉 찼다. 환경은 열악했어도 교육에 좋은 반응이 오다보니 어깨춤이 저절로 났다.

그 당시 4세 반의 호원이는 아빠가 고등학교 선생님이었는데 그 분은 나의 열정을 이해하고 응원해 주시는 고마운 분이었다. 나를 집으로까지 초대해 주셨는데 그때 네 살인 호원이에게 큰절을 시키셨다. '인생 최초의 스승'이라고 의미를 두셨는데 소중한 첫아이를 바르게 키우고 싶은 부모의 정성이 느껴졌다. 얼결에 큰절을 받은 나는 정말 몸 둘 바를 몰랐다. 이제 막 서툴게 시작한 내게 이보다 큰 격려는 없을 것이었다.

소문을 듣고 찾아온 학부모들도 있었지만 절대 정원을 넘기는 일은 없었다. 정원 내에서 아이들을 교육하는 것이 아이들의 권리라고 생각했기 때문이다. 학부모들은 아쉬운 마음으로 대기를 걸어 두었지만 어떤 학부모는 자신의 아이만 살짝 넣어 달라고 하는 경우도 있었다. 하지만 그 어떤 상황에서도 내 양심을 지키는 것은 그 어떤 일보다 중요한 일이었다. 당시 법정 인원은 스무 명이었는데 나는 열여덟 명을 넘기는 일이 없었다. 그래서 항상 재정적으로 어려움이 많았다. 남편은 언제나 내 편이었다. 같은 교육계에 몸담고 있으니 아이들을 교육하고 사랑하는 일, 또는 운영하며 겪게 되는 일까지 상의하게 되었다. 그럴 때마다 "당신의 선한 마음을 세상이 꼭 알아볼 거야. 최선을 다하는 자를 이길 장사는 없어."라며 따뜻하게 나를 감싸 주었다.

어린이집을 운영할 초기에는 교사들에게 명절 보너스로 줄 돈이 없어서 남편의 월급봉투에서 꺼내야만 했다. 그때마다 "당신이 꼭 필요한 돈이라면 써야지."라며 나를 안심시키며 지원을 아끼지 않았다. 나를 신뢰해 주는 남편이 그저 고마웠다.

어린이집을 운영하는 23년 동안 남편의 지원과 배려가 없었다면 정말 힘들었을 것 같다. 그러나 운영을 한다는 이유로 받기만 하고 가족에게 소홀해질 때가 많았다. 더욱 주말마다 가족과 시간을 보내기 보다는 아이들에 관련한 일에 집중하느라 가족들에게 나의 빈자리가 얼마나 컸는지 알아차리지 못했다. 그래서 가족에게 고맙다.

사람은 마음속 가득 꿈을 꾼다. 꿈은 단지 꿈이란 이름으로만 자신을 남겨 두기를 원하지 않는다. 날개를 달고 주인과 함께 비상하기를 소원한다. 지금 돌이켜 보면 꿈에서만 그릴 수 있는 선생님을 현실로 이루어 내가 직접 현장에 있다는 것이 꿈인지 생시인지 모를 만큼 행복하기만 했던 시절이었다.

Chapter 2

일 억 원어치의 용서

거저 생긴 3층 건물

내가 처음 어린이집을 개원하고 나서 함께 일한 선생님은 명랑하고 사교적인 성격이었다. 항상 아침마다 "원장님, 안녕하세요?"라고 인사를 했는데 그 목소리를 들으면 내 마음까지 상쾌해지는 것 같았다. 내가 시설 운영과 차량 운행을 맡고 선생님은 오전 수업을 담당하고 아이들 식사 지도를 했다. 그리고 오후에는 아이들의 한글 수업과 그림 놀이를 돌봐줬다. 나 역시 긍정적이고 명랑한 선생님의 성격과 아이들을 좋아하고 책임감 있는 태도에 마음 놓고 어린이집을 운영할 수 있었다. 언젠가 어린이집 교사 보수 교육을 듣고 와서 내게 "우리 어린이집은 배운 대로 원칙을 지키려 애쓰는 점이 참 좋아요."라고 이야기했다. 면전에서 얼굴 뜨거운 칭찬이었지만 이제 막 햇병아리 원장인 내게 더할 나위 없는 큰 칭찬이 되는 말이었다.

연말 행사로 부모 참여 수업을 할 때면, 행사 전날에 환경을 꾸미고 자료를 만드느라 새벽 4시까지 원에서 일을 해야 했다. 새벽 4시에 퇴근하고 헤어져 옷을 다시 챙겨 입고 출근해야 했는데도 우리는 서로 웃으며 밤새 열심히 일을 했다. 아마도 교육이라는 공통분모가 우리를 행복하게 만든 것 같았다. 선생님과 나는 작은 규모이지만 우리가 할 수 있을 만큼 열심히 했다. 그에 따라오는 결과를 평가할 때는 긍정적이게 바라보려고 노력했다. 긍정적인 태도는 어린이집에 부딪혀 오는 어려운 문제들을 잘 극복할 수 있도록 힘을 더해 주었다.

2년째 어린이집을 운영해 보니 열악한 보육 환경이 아이들에게 더욱 미안해졌다. 밖에서 들리는 소음과 난방시설이 미흡한 점, 무엇보다 아이들 발달과 맞지 않는 화장실을 쓰다 보니 걱정만 늘게 되었다. 화장실만이라도 양변기로 교체하려고 했으나 관리 사무실의 허가 등 어려움이 따랐다. 그때쯤이었다. 아버지께서 아프셔서 친정집에 일주일에 두세 번은 가야할 일이 생겼는데, 그날도 친정집에 가려고 가사동 길을 지나는 길이었다. 그런데 갑자기 평소에는 보지 못했던 큰 건물이 눈앞에 확 띄었다. 붉은색 벽돌로 지어진 완공을 앞둔 3층 건물이었다. 차를 멈추고 서서 그 건물을 한참 동안 바라보았다. 어느새 나는 그 건물 안에서 뛰어노는 우리 원아들을 떠올리게 되었고, 눈물이 고였다.

'내게 저 건물의 한 층만 있어도 우리 아이들이 더 좋은 환경 속에서 교육받을 수 있을 텐데, 왜 내겐 저런 건물이 허락되지 않는 걸까?'라는 생각을 하며 긴 한숨을 내쉬었다. 그 건물을 사는 것은 내겐 불가능한 일이었으니 그저 눈으로만 볼뿐이었다. 그러고 그 길을 지날 때마다 소원처럼 나도 이런 건물에서 아이들과 함께 할 수 있었으면 좋겠다고 기도했다. 지금 생각해 봐도 내가 어떻게 그렇게 큰 건물을 눈독 들였을까 하는 의문이 든다.

어느 날이었다. 함께 일하고 있는 선생님이 호들갑스럽게 뛰어와서 어떤 사람이 월급을 받고 일할 원장을 찾고 있다고 했다. 선생님은 내가 환경 때문에 마음 고생하는 것을 진작부터 알고 있었던 터라 서둘러 그곳 면접을 보는 것이 어떻겠냐고 물었다. 큰 건물을 가지고 있는 이사장은 가진 것이 돈뿐인데 어린이집을 운영하고 싶지만 경험이 없어서 월급 원장을 구한다는 것이었다. 게다가 내가 운영하는 어린이집에 관심을 갖고 있다는 소식이었다. 눈이 번쩍 뜨이면서 좋은 기회임을 직감했고, 즉시 면접을 보기로 결심을 했다. 그런데 선생님이 알려 준 면접 장소를 듣고서는 정말 땅바닥에 주저앉을 만큼 소스라치게 놀랐다. 바로 내가 친정집에 가는 길에서 두 달 동안이나 눈독을 들이며 소원을 빌었던 가사동 3층짜리 건물이었던 것이다.

세상에 어떻게 이런 일이 있을 수 있을까? 서둘러 면접을 갔다. 면접이라고 했지만, 형식을 갖추지도 않고 구체적인 질문도 없이 급여 조건만 묻고서 끝이 났다. 건물주는 내가 하루빨리 정리하여 들어오면 좋겠다고만 했다. 우리 아이들 그대로 데리고 와서 교육하면 된다는 것이다. 횡재도 이런 횡재가 없었다. 나도 그 어떤 조건보다도 아이들이 좋은 환경에서 뛰놀 수 있다면 내 급여가 조금이라도 괜찮았었다. 먼저 말을 해준 선생님이 고맙고 또 고맙기만 했다. 그 뒤 일사천리로 모든 것이 순조롭게 진행되었고 이사장도 좋아하는 것 같았다. 학무모들 또한 아무 이의가 없었다. 지금보다 더 좋은 환경으로 가게 되는 것이니 모두가 찬성을 하며 축제 분위기였다.

어린이집을 이사하는 일이 일사천리로 진행되었고, 바닥 평수 200평, 건평 210평의 3층 건물을 모두 사용할 수 있었다. 어느새 나는 넓은 원장실에서 신입 원아를 상담하고 있었고, 회계에 관한 것만 아니면 모두 나의 전권이 있는 터라 최고의 조건이었다. 돈 걱정 안 하고 교육에만 전념하면 되었다. 또한 이사장은 무엇이든지 교육에 필요한 것이라면 다 사도 좋다는 말로 교사들을 감동시켰고, 학부모들도 환경이 좋아졌다고 저마다 좋아했다. 계속해서 신입 원아가 늘어만 갔다. 아이들에게 좋아진 환경을 손을 꼽으라 하면 실내 놀이터가 생겼다는 점이다. 비가 오나 눈이 오나 날씨와 계절에 구애받지 않고 아이들이 언제든 놀이터 삼아 놀 수 있게 된 것이다. 이사한 곳에서는 넓은 실외 놀이터도 있었지만 아이들의 발달을 돕는 최신 놀이 시설이 실내에도 갖춰져 있어서 더욱 재미있게 활동할 수 있었다.

20명 내외로 시작한 원생들이 두 달 만에 57명으로 늘었다. 급히 교사도 증원했고, 일하는 사람 모두 행복한 비명을 지르며 일했다. 이것이 바로 내가 그리던 상상 속의 어린이집 모습이었다. 이사장은 그 당시 썸힐이라는 시대에 앞서가는 열린 교구를 수천만 원을 들여 구입했다. 이 교구는 아이들의 발달에 맞게 연구되어 개발되었기 때문에 아이들의 사고를 열어 주기에 좋았다.

부모님들의 관심이 높아지고 원생이 늘어가니 남모르는 고민도 생겼다. 내가 이 많은 부모와 아이를 교육하기에 적합한 사람인가? 아이들을 사랑한다는 마음만으로는 내가 부족한 교육자가 아닌가 하는 생각으로 더 공부하기 시작했다. 그때부터 시작한 배움은 내가 '원장'의 이름을 내려놓을 때까지 계속되었다.

우선 많은 학부모 앞에서 나의 교육관을 당당하게 전하는 능력이 필요했다. 수줍음이 많은 성격이라 여러 사람 앞에서 말을 하려면 가슴이 떨리고 숨이 막혀와 말을 이어가기 어려웠다. 더욱이 아이들이 책을 좀 더 친근하게 생각하기 위해서라도 동심을 자극하는 재미있는 동화 읽기를 제대로 해주고 싶었다. 그래서 배움의 첫 번째 도전은 동화 구연가 수업이었다.

어느새 동화 구연가가 되어서 나의 목소리로 녹음된 동화 CD 500장을 지인들과 아이들에게 선물하게 되었다. 꿈을 이루니 정말 행복했다. 이렇게 아이들과 만들어 나가는 어린이집 생활은 그야말로 파라다이스였다. 그 행진을 이어나갈 수 있도록 적극적으로 도와주는 이사장에게 그저 고마울 따름이었다.

일 억 원어치의 용서

내가 바라던 꿈이 현실로 이루어지자 대가 없는 일은 세상에 없다는 사실을 잠시 잊고 살았다. 작은 어린이집을 운영하다가 내게 행운처럼 찾아온 큰 어린이집에서의 선생님 역할은 감사와 기쁨뿐이었다. 교구를 구입하는 일부터 시설을 개선하는 일 등 이사장에게 말만 하면 되었으니 경제적으로 신경 쓸 것이 없었다. 좋은 환경이 주어지니 모든 선생님들도 더욱 열정을 태우며 아이들을 위해 교육하는 모습이었다. 아이들도 원에서의 생활을 행복해했고, 각종 최신 놀이 시설만으로도 이곳이 천국이었다.

그런데 이 꿈 같은 시간이 두 달이 채 가기도 전에 어린이집에 이상한 일이 하나둘씩 일어나기 시작했다. 이사장을 찾는 손님이 늘기 시작했고, 매번 다투는 소리가 들려왔다. 영문을 모르는 나는 아이들 교육에 해롭고 어린이집 이미지에 손상이 간다면서 도울 일이 없는가 물었지만 그때마다 그는 내 눈을 피하면서 아무 일도 아니라며 질문을 일축해 버렸다. 그로부터 며칠이 지나자 법원에서 원장인 내 이름으로 어린이집에 설치한 에어컨 대금 3,300만 원 채무이행 소장이 날아왔다. 이사장에게 물으니 그것도 괜찮다고 별일 아니라고만 했다. 그러나 나의 불안은 내 눈앞에서 모든 것이 벌어지고 나서야 끝이 났다. 큰 다툼이 어린이집 안에서 벌어졌는데 교재교구를 납품한 사장이 수천 만 원의 외상값을 달라고 언성을 높이는 것이었다. 이사장은 그저 "돈이 없는데 어쩌란 말인가? 없다 없어!"라는 말만 되풀이 했다.

1997년 9월은 IMF로 우리나라가 경제난을 겪고 있던 시기였다. 교구사 사장은 고성을 지르면서 이사장의 멱살을 잡고 흔들기도 했고, 눈물로 호소하기도 했다. 우리 어린이집에서 대금 지불 날짜를 어기고 또 어기는 바람에 은행에 저당 잡힌 집이 날아가게 될 처지에 놓였다는 것이었다.

그 시절 3,600만 원이면 25평 작은 아파트 한 채 정도 되는 가격이었다. 그러나 가진 건 돈뿐이라던 이사장은 빈털터리였고 모든 공사를 외상으로 하여 어린이집을 건립했다는 사실을 아는 사람은 그 혼자뿐이었다. 정말 아무도 몰랐다. 겨우 57명의 유아들의 보육료로는 그 좋은 시설과 교구 대금을 충당할 수 없었다는 사실을 말이다.

이사장은 순식간에 빚에 쫓기는 신세가 되었고, 사람들을 피해 숨어 지냈다. 대부업자들까지 나타나서 야구 방망이를 휘두르며 돈을 요구하는 풍경까지 벌어졌다. 천국이 곧 지옥이 되었다. 원으로 잠시 모습을 드러낸 그를 보자마자 나는 그의 등을 울면서 치고 있었다. 나 역시 빚더미인 어린이집에서는 양심에 걸려서라도 버티기가 힘들었다. 하지만 내가 먼저 그만두기도 전에 이사장이 먼저 어린이집 시설과 교구 대금 등 1억 원을 부도를 낸 채 야반도주를 할 줄은 꿈에도 몰랐다. 이제 나도 모르는 사이에 모든 부도 사건은 원장인 내가 대변해야 하는 현실이 되었다. 어느 부분은 법적으로 내가 책임을 져야 하는 어처구니없는 상황도 벌어졌다.

경찰이 사건을 수사하기 시작했고, 이사장이 사기 전과2범이라는 사실도 곧 밝혀졌다. 내가 급히 월급 원장으로 불림을 받았던 이유는 전과자 신분을 숨기기 위한 그의 위장술이었다는 사실도 알게 되었다. 어린이집에 월급 원장으로 취직이 된 것도 꿈만 같았는데, 지금의 이 큰 재난과도 같은 상황은 더 큰 꿈을 꾸고 있는 것만 같았다. 내가 크게 어리석었다. 신중하지 못했던 자신을 나무라기도 했지만 이미 때는 늦은 뒤였다. 그때부터 생전에 구경하기도 힘든 일들이 내 앞에 펼쳐지기 시작했다. 나는 이사장의 또 다른 이름을 자연스레 '사기꾼', '미친놈'이라 부르며 그를 원망하며 욕하고 다녔다.

채권자들은 아이들이 노는 실외 놀이터를 분리하여 떼어 갔고, 가져갈 수 있는 교구는 모조리 찾았다. 그리고 하루가 멀다 하고 와서 삿대질을 하고 갔다. 어떤 식당 주인은 밥을 먹고 그 돈을 안 내면 자식 대까지 두고두고 벌 받는다면서 악을 쓰다가 돌아가기도 했다.

원장인 나는 어린이집에 외상으로 설치한 회사로부터 에어컨 대금 채무 불이행 건으로 민사 재판에 소환되었다. 나도 모르는 내용을 가지고 법원은 채무를 이행하라는 판결을 내렸다. 법은 참 희한했다. 사기꾼이 나 몰래 내 신분증을 복사해 계약을 했는데도 그것을 나에게 갚으라는 것이었다. 사기꾼 덕분으로 피고인석에 앉아 생전 처음 재판을 받는데 세상이 낯설게 보였다. 그때 내가 사는 연립주택이 3,000만 원 정도했는데 에어컨 대금의 규모는 더 컸다.

엎친 데 덮친다고 그 힘든 상황에서 또 하나의 일이 터졌다. 성인이 된 내게 쓴소리 한 번 안 하시던 부모님이 내 상황을 아시고 출근을 만류하셨다. 특히 친정아버지는 내가 얼마나 어린이집을 열고 싶었는지 아셨기 때문에 눈물을 보이셨다.

"이 사건을 해결할 사람은 저밖에 없어요. 아이들은 어떻게 해요!"라며 화가 나 소리치니 아버지는 내게 정신 차리라며 뺨을 때리셨다. 생전 처음 맞아 보는 일이었다. 맞아서 아픈 것이 아니라 부모님께 불효를 저지르고 있다는 사실에 더 마음이 아팠다. 모든 상황이 다 아수라장이었다. 그 당시 친정에 얹혀살고 있었는데, 한밤중에 무작정 집을 뛰쳐나가 가까운 논바닥에 앉아 하늘을 향해 포효하듯 큰소리로 울었다. 남편은 그럴 때마다 '당신 마음 다 안다.'라고 이야기하듯 조용히 내 곁을 지켜 주었다. '하나님, 어떻게 해야 할지 정말 모르겠어요. 제발 도와주세요!'라며 하늘에 대고 소리쳐 보아도 돌아오는 대답은 없었다. 세상을 원망하는 마음이 커져만 갔다.

내가 그토록 소원하던 일을 이렇게 그만둘 수는 없었다. 더욱이 철모르고 뛰어노는 57명의 원아들을 생각하면 더욱 물러설 수가 없었다. 학기 중이라 다른 곳으로 옮기기도 어려웠고, 옮겼다 하더라도 그곳에서 적응을 잘 못하게 되면 아이에게는 상처가 될 수도 있었다. 이런 상처들이 아이의 성격에 영향을 끼칠 수 있다는 생각이 나를 가장 힘들게 했다. 어떻게 해서라도 아이들 교육은 이어 나가야 했다. 그러나 방법은 막연했다. 1억 원은 내가 입 밖으로 내어 본 적도 없는 금액이었다. 그 빚을 갚고 싶지만 방법이 없었다. 눈물이 마르지 않는 나날을 보냈다. 두 달쯤 지나자 동네방네 다니면서 내 탓이 아니라 이사장 탓이었음을 외치고 다녔다. 그때는 정말 '미친 놈!, 나쁜 놈!'이라며 잠꼬대도 했을 것이다. 나타나기만 하면 가만두지 않겠다고 칼을 갈았다.

양심이 깨끗하지 않은 사람을 알아볼 기회는 수없이 있다. 처음 이사장과 면접을 볼 때부터 그는 귀 볼까지 자주 빨개졌고, 눈을 잘 마주치지 못 했었다. 성격이 그저 그런가보다 했지 별 의미를 두지 않았다. 지금 생각해 보면 그가 어린이집을 건립할 이유가 전혀 없는 사람인데도 좋은 환경이라는 조건만 보고 덥석 미끼를 문 내 경솔함에 쓰러질 것만 같았다.

그런데 몇 달이 지나자 그 슬픔과 원망도 진정이 되었다. 세월이 약일까? 끝도 없이 가야 하는 출구에서 희망이 생기듯 다시 어린이집을 내 힘으로 일으켜 보기로 결심을 했다. 지금도 그 용기가 어디서 났는지 궁금하다. 학부모 회의를 열어서 정직하게 현재 상황을 알렸다. 2개월 안에 정상화를 시킬 것이니 믿고 기다려 줄 수 있는지를 조사했다. 전원 일치로 어린이집을 믿고 이동을 하지 않기로 학부모님들은 약속을 해 주셨다. 정말 나에게는 가장 큰 힘이었다. 지금도 이때를 생각하면 학부모들에게 진심으로 감사할 따름이다.

교사들의 단결도 대단했다. 2개월가량의 급여를 받지 못하는 상황에서도 어린이집의 정상화를 위해 함께 노력하며 가족과 같이 지냈다. 이 모든 분들이 있었기 때문에 내가 정년퇴임을 할 때까지 나뿐만 아니라 어린이집을 성장시킬 수 있는 힘을 얻었다.

드디어 부도를 딛고서 추첨을 통해 원아를 받을 수 있는 어린이집으로 성장했을 때 그들은 나보다 더 기뻐했다. 좋은 일과 나쁜 일을 함께 나눌 수 있어서 늘 든든했다.

어린이집 신축 공사에 참여한 채권자들을 한 분 한 분 만났다. 5년 안에 공사 대금을 50퍼센트라도 갚을 수 있도록 최선을 다할 것이니 기회를 달라고 간청했다. 그들 또한 이미 건물에 공사한 것들은 다시 뗄 수도 없으니 나중에라도 돈을 받게 된다면 도움이 될 것이라고 말씀해 주셨다. 그러면서 오히려 나에게 잘해 보라며 용기를 북돋아 주는 분들도 있었다. 물론 그때까지 화가 나 있는 분들도 있었다. 다시 일어서야겠다는 생각을 하고 나니 주위 사람들도 나의 그 바람에 힘을 실어 주기 시작했다. 이렇게 해서 5년이 지났고, 빚도 거의 갚아지고 어린이집도 정상화가 되었다.

상상조차 할 수 없던 여러 가지 사건들을 겪으면서 내게 트라우마가 생겼다. 불확실한 미래에 대한 불안증과 걱정이 생겼고, 조금만 예상치 못하는 일이 일어나면 놀라는 습관이 생겼다. 그러던 어느 날 내가 봉사하고 있는 주일 학교에서 교사는 의무적으로 묵상을 해야 한다는 소식을 받았다. 그래서 피정에 들어갔는데 '피정'이란, 현실을 피하여 고요한 곳에서 신의 음성을 듣는 일, 신의 뜻을 찾는 일을 말한다.

피정 중 묵상 시간에 성서를 묵상하고 홀로 산책로를 걷는 모습을 상상했다. 아마 그때 내 머릿속에는 오직 부도 사건뿐이었으니 묵상을 하며 되돌아본 내 모습은 힘이 없었다. 명상 속에서 나는 길을 걷고 있었고, 갑자기 무엇인가에 이끌리듯 걸음을 재촉했다. 이미 시간은 자정이 넘어 깜깜한데 저 앞에 깊은 동굴이 보였다. 어두워서 잘 보이지는 않지만 분명히 뭔가 움직이는 것이 보였다. 무서움도 잊은 채 가까이 가서 보았다. 그런데 이게 웬 일이란 말인가? 그 안에는 내가 그토록 찾아 헤매던 이사장, 아니 그 사기꾼이 있었다. 몸에 실오라기 하나도 걸치지 않고 추워서 빨갛게 된 몸을 두 팔로 싸안고 잔득 웅크리고 앉아서 사시나무 떨듯 떨고 있었다.

그 모습을 본 순간, 나도 모르게 그 흙바닥에 주저앉아 엉엉 울었다. 그 차가운 곳에서 추운 줄도 모르고 얼마나 오랫동안 울었는지 모른다. 한참을 울고 나니 명상 속에 나타난 이사장이 불쌍하게 느껴졌고, 이제는 나도 그만 그를 잊고 살자는 깨달음이 밀물 같이 밀려왔다.

'살면서 내 계획대로 되지 않았다고 불행해하며 세상을 탓하고 사람을 원망하며 내 영혼까지 팔 것인가?'

나는 더 이상 이사장을 원망하며 욕하지 않기로 했다. 내가 용서하지 않으면 용서받지 못한 채 남아 있다는 성서 말씀을 기억하면서 나는 그 자리에서 이사장을 용서했다. 그 이후로 단 한 번도 그를 욕하거나 비난하지 않았다. 이미 그는 받을 벌을 다 받고 있을 텐데 나까지 보탤 이유가 더 이상 없었다.

"주여, 그를 용서합니다. 그를 욕하고 원망한 저를 용서해 주세요."

그를 용서하자 이번에는 부족한 내 자신을 위해서 한없이 울었다. 두 번의 눈물로 이미 나는 다른 사람이 되어 있었다. 지금 그때의 일을 떠올려도 뜨거운 눈물이 흐른다. 묵상을 마친 뒤 신기하게도 마음의 짐이 없어졌고, 홀가분한 마음으로 집으로 돌아올 수 있었다. 더 놀라운 일은 마음속에서부터 뜨거운 기쁨이 찾아왔다는 것이다. 사기를 당하여 절규하던 사람은 이제는 어디로 가버리고 희망찬 오늘을 사는 사람만이 내 안에 들어왔다.

'최선을 다해 살면 되는 거야. 내일 일은 내일에 맡겨 두자.'

용서하는 자와 용서받는 사람은 서로 얽매여 자유롭지 못한 처지가 된다. 자유롭지 못하면 앞으로 나아갈 수 없다. 설사 조금 앞으로 나갈지라도 다시 매듭을 풀어야 하기에 다시 제자리로 돌아와서 풀어야 한다. 진정한 용서를 한다는 것은 자신을 해방시키는 일임을 비싼 대가를 치르고 알게 되었다. 연금술의 통과의례 없이 날아든 행복을 행운이라고 한다. 이 일을 통해 그냥 내게 쥐어진 새로운 어린이집이 값싼 보석이라면 진짜 값진 보석은 연금술을 혹독하게 거친 다음에 만들어진다는 것을 알았다.

그를 용서함으로 자유를 얻은 기쁨이 얼마나 소중한 것인지 당시에는 지금 느끼는 것만큼 깨닫지 못했다. 고통과 상처는 오히려 내게 축복이 되어 어린이집에 새로운 변화를 일으킬 수 있는 시작이 되었다.

나를 일으킨 은인들

어린이집이 부도를 맞은 이후, 내 삶은 많이 달라졌다. 갑자기 소스라쳐 놀라기도 하고 누가 나를 쳐다보기라도 하면 나를 한심스러워 하는 것 같이 느껴졌다. 그래서 길을 가다가도 아는 사람이 멀리서라도 오면 일부러 다른 길로 돌아서 가기도 했다. 마음이 움츠려 들었다. 그럼에도 불구하고 내가 이 어려움을 겪어 나가는 동안 내게 힘이 되어 준 여러 사람이 있었다. 그들은 내가 다시 일어설 수 있도록 긍정적인 힘이 되어 주었고, 다시 내일을 꿈꿀 수 있도록 열정을 품게 해 주었다.

그 첫 번째가 부모님이다. 부도가 날 당시 부모님을 볼 면목이 없었다. 항상 나를 지원해 주시고 무슨 일이든 잘 해내리라 믿어 주시던 부모님은 1,000만 원의 보증금조차 새로운 어린이집의 운영비로 날려버린 내가 한심했을 것이다. 생각대로 부모님은 "이제 절대 어린이집 일은 하지 마라."라고 하시면서 나를 한사코 말리셨다. 그런데 내가 힘든 걸 나보다 더 참기 괴로워하셨는데 내가 다시 정신을 차리고 어린이집을 운영하겠다고 선언하니 오히려 기다리고 있었다는 듯이 전보다 더 적극적으로 지원해 주셨다. 우선 어린이집을 잘 운영할 수 있도록 2년 정도 부모님 집에서 우리 가족이 들어와 살 수 있도록 허락해 주셨다. 아이들도 함께 잘 돌보면서 오붓하게 밥도 먹자고 하시면서 잘해 보라고 격려도 해 주셨다.

내가 다시 몸을 일으킬 때 언제나 나를 믿고 응원해 주신 부모님이 계셔서 얼마나 든든했는지 모른다. 부모님이 살아 계실 때 잘하라는 말은 자식들이 자주 듣는 말이다. 부도가 난 후 상상도 못한 큰일들을 겪다 보니 부모님이 살아 계시는 것만으로도 큰 위로가 되었다.

두 번째로 생각나는 사람은 남편이다. 그는 어린이집을 시작할 때부터 부도가 날 때까지, 또 재기하며 안정화 될 때까지 모든 과정을 나와 함께한 동반자다. 내가 힘들어 지쳐서 논바닥에서 울고 있을 때도 항상 함께 있어 주었다.

"당신이 하고 싶은 만큼 열심히 해 보고, 너무 힘들고 지치면 잠시 쉬는 것도 방법이오. 그러다 보면 다시 좋은 생각도 날

테고. 당신이니까 이 정도이지 다른 사람 같았으면 어림도 없었을 거요."

남편이 내게 늘 하는 말이다. 그래 좀 쉬었다가 가자. 새로운 힘이 생겼을 때 달려가자. 부도가 났어도 내가 지키고 싶은 원칙만큼은 고수하자는 생각을 다시 한 번 다짐할 수 있게 도와준 정신적인 지주였다.

마지막으로 시간이 흘러 얼굴은 잊었지만 그때 나와 함께 피해를 입은 분들이다. 이사장은 공사 대금을 거의 외상으로 처리했고, 부도를 맞자 외상으로 시공을 해 준 분들은 공사비를 한 푼도 받을 수 없는 상황이 되었다. 그때 반이라도 어린이집을 운영하면서 갚겠다고 한 나의 제안이 그나마 그 분들에게는 위안이 되었는지 흔쾌히 허락해 주셨다. 신입 원아가 늘어날 때면 그 분들의 소개로 온 학부모들이 많았다. 이미 그 분들이 어린이집 홍보대사가 되어 주셨다. 그리고 매월 돈을 조금씩 갚을 때마다 오히려 고맙고 수고했다며 전화로라도 인사를 보내 주셨다.

부도가 나자 서둘러 놀이터를 떼어 가는 교구사 사장님이 있기도 했지만 오히려 오랜 상환 기간을 허락하면서 다시 새 놀이터를 설치해 주시는 사장님도 있었다. 신뢰가 깨진 현장에서는 서로를 경계하고 의심하는 일이 당연했다. 이러한 각박함 속에서 누군가가 나를 믿고 지지해 주는 일은 내게 큰 용기를 낼 수 있는 힘이 되었다. 그 모든 분들께 머리 숙여 감사한 마음을 전하고 싶다.

"고맙습니다. 여러분은 제 인생의 은인들이십니다."

닉 부이치치는 두 팔과 다리가 없이 태어난 사람이다. 얼마나 살기가 어려웠을까? 그런데 그는 당당한 모습으로 세상을 향해 "실패는 자신이 원하는 일에 대한 도전을 끝낼 때 실패라고 할 수 있다. 끝내지 않고 계속 시도하다 보면 자신이 원하는 세상을 얻을 수 있다. 그런데 당신은 당신이 원하는 세상을 위해 노력하는 것을 끝내겠는가? 그럴 순 없다! 내 자신이 끝내지 않는 한, 실패라는 것은 이 세상에 없다."라고 말했다.

나는 사랑하는 사람들의 신뢰와 응원을 받으면서 끝까지 노력했다. 천신만고 끝에 어린이집을 다시 일으켜 세우고야 말았다. 이 사건을 교훈 삼아 인생의 어려운 일을 만날 때 나는 또 이겨낼 것이다. 이런 인생의 맷집은 어디 가서도 못 사는 일이다.

삶의 행진은 계속되는 것이기에 사람들과의 만남은 계속될 것이고, 그 새로운 만남 속에서도 기쁨과 슬픔이 이어질 것이다. 또한 그 과정 속의 기쁨과 슬픔, 그리고 여러 어려움이 또 다른 성장을 가져다 줄 것이다.

어린이집 원장으로서, 교육자로서 가져야 할 가장 중요한 품성이 있다면 양심이 맑은 사람, 사람들을 진심으로 사랑하는 사람이 되는 것이다. 나는 이 세상의 모든 선한 이들이 축복받고 온 세상에 그들의 향기가 퍼져 나가길 기도한다.

개회 선언과 찬이의 달리기

어린이집은 행사가 많다. 규모가 커져서 행사를 할 때마다 없는 힘까지 내야 할 정도로 일이 많다. 그래서 나는 이 시기를 '창의성'이라고 이름 붙였다. 왜냐하면 이 일은 나 혼자 할 수 없는 일이기 때문이다. 더욱 운영을 잘 해야 나를 믿고 기다려 주기로 한 채권자들과 학부모, 교직원 등에게 은혜를 갚을 수 있기 때문에 더욱 그렇다. 더 중요한 이유는 내가 그토록 꿈에도 잊지 못하던 선생님이 되었는데 무엇인들 못할까 싶었다. 은인들과 사랑하는 아이들과 함께 하는 일이라 나만 좌절하지 않으면 매일 조금씩이라도 성장하리라 여겼다. 그해 첫 운동회를 평생 못 잊을 이유이기도 하다.

운동회를 처음 열기로 하고 초등학교 교장 선생님 같이 내가 개회 선언을 하기로 했다. 나는 원래 내성적이고 수줍음이 많아서 이런 일에는 항상 나서지를 못했다. 개회 선언을 한다고 생각하니 괜히 긴장이 되어서 그날부터 어린이집 차량 안에서 연습을 했다.

"지금부터 푸른 꿈 어린이집 가족 운동회를 시작하겠습니다!"

몇 글자 되지 않는데 아무리 연습해도 어색했다. 그러나 내가 넘어야 할 산이었기 때문에 모두의 행복을 위해 연습에 매진했다. 2주 동안 매일 연습을 하다 보니 나름대로 잘 할 수 있다는 용기를 얻었다. 드디어 운동회 날이 밝았고, 운동장에 들어서니 만국기가 펄럭이고 각종 경기를 위한 알록달록한 도구들이 설치되어 있었다. 운동회를 상징하는 알록달록한 아치형 개선문도 우뚝 서 있었다. 초등학교 시절 운동회 날의 설레는 마음이 다시 찾아왔다. 드디어 아이들과 부모님들이 함께 손을 잡고 개선문을 입장하면서 운동회가 시작되었다. 사회자가 몇 가지 주의 사항을 마친 후, 곧바로 개회 선언 순서가 다가왔다.

"지금부터 제1회 푸른 꿈 어린이집 가족 운동회를 시작하겠습니다!"

선생님들의 깜짝 놀란 표정이 눈에 들어왔다.

'내 목소리가 너무 컸나?'라며 쑥스러움이 밀려왔다. 평소에 조용한 목소리로만 말하던 나의 변신이었다. 나도 내가 이렇게 우렁찬 목소리를 낼 수 있다는 사실에 놀랐다. 어린 시절 목소리 한번 크게 내는 일이 없이 살아왔다. 울어도 소리쳐 우는 것이 아니라 숨죽여 울곤 했다. 그런 내가 80명의 아이들과 200명이 넘는 학부모를 모시고 개회 선언에 성공했다는 것은 내 인생에 큰 의미가 있었다.

자신감 있는 내 목소리를 세상에 알리는 시작이었다. 훗날 강사가 되어 여러 사람 앞에서 강의를 할 수 있는 힘도, 여기에서 시작되었다고 해도 과언이 아니다. 바오밥 나무 이야기 중에서 어린 왕자의 말이 떠오른다.

"씨앗들은 보이지 않아요. 씨앗들은 땅속 비밀스러운 곳에서 문득 깨어나고 싶을 때까지 잠을 자는 거예요. 그런 다음 씨앗은 기지개를 켜고는 태양을 향해 머뭇거리는 듯하다가 아름답고 연약한 새싹을 수줍은 듯이 내미는 거예요."

내 모습이 이와 같았다. 다른 사람들은 어렵지 않은 일을 나는 어렵게 해냈다. 나의 천부적인 부끄러움은 운동회의 개회 선언 경험을 출발로 조금씩 나아지기 시작했다. 두 번째 운동회부터는 많은 연습이 필요 없었다. 몇 번 연습하고 나면 충분했다. 첫 시작이 이렇게 중요한 것이다. 용기는 두려움 앞에서 당당히 맞서는 힘이요, 가슴속에 있는 힘이다.

운동회 경기의 첫 시작은 달리기다. 학부모와 아이들은 빠짐

없이 경기에 참여한다. 이때에는 반드시 비상 약품이 필요하다. 아이가 다치는 일보다 부모가 다치는 경우가 훨씬 더 많기 때문이다. 아이들은 운동회 예행연습도 하고 달리기 연습도 매일하기 때문에 준비가 되어 있지만 부모는 다르다. 달리기 순서가 되면 몸 따로 마음 따로 되기 십상인데 넘어져 다친 부모들의 이야기를 들어보면 오랜만에 뛰어 보았다고 말했다. 내년에는 넘어지지 않기 위해 연습을 먼저 해야겠다고 다짐하는 모습이 운동회의 풍경이다.

달리기는 운동회의 꽃이다. 왜냐하면 모두 참여하며 최선을 다하는 시간이니 말이다. 가장 쉬운 운동이지만 우열이 가려지고 자신의 온 에너지를 쏟기 때문에 스스로 유능함을 느끼는 좋은 운동이다. 운동회에 참여한 모든 사람이 한바탕 웃고 나면 모든 스트레스가 사라진다. 승자를 가리지 않고 골인 지점까지 완주하면 모든 사람들이 상을 받는다. 스케치북 한 권으로 모두 만족스러운 표정이다. 특히 부모님들은 동심으로 돌아가는 모습이다.

아이들이 가장 좋아하는 순서는 과자 따먹고 돌아오는 경기이다. 부모가 아이를 업고 달려가서 아이의 입에 과자를 넣어주고 달려온다. 그러나 실격이다. 아이가 과자를 스스로 먹게끔 기다려 주어야 하기 때문이다. 이날만큼은 아이를 업고 달릴 때도 속력을 내가며 달리기 때문에 아이들과 부모 모두 즐거운 날이다.

부부 게임은 운동회에서 빼놓을 수 없는 하이라이트다. 운동회를 시작할 때 인사말을 하고 주의 사항을 당부하면서 오늘 부모님께서 즐겁다면 아이도 그 모습을 따라 즐거운 운동회가 될 것이라고 말했다. 아이들은 부모의 말을 따라 배우는 것이 아니라 부모의 태도를 보면서 성장한다. 엄마 아빠가 경기를 할 때는 아이들은 구경꾼이다. 미션 중 서로 뽀뽀하라는 지시가 떨어지면 아이들은 이미 자지러진다. 왜 그럴까? 부모의 다정한 모습은 아이들에게 희망과 기쁨을 안겨 주기 때문이다. 서로 사랑하며 살아가는 모습을 보면서 자신의 행복한 미래를 꿈꾸게 된다.

조부모 게임은 더 재미가 난다. 운동회를 할 때마다 선생님들에게 당부한다. 우리 부모님에게는 제대로 인사 못 드리더라도 조부모님들에게는 운동회에 오신 것을 환영하는 인사를 꼭 드리기로 하는 것이다. 왜냐하면 그분들은 온종일 게임만 구경하며 박수쳐 주시기 때문이다. 그래서 운동회에 조부모 게임을 마련한다. 낚시 게임을 주로 하는데 매해 오셔도 즐겁다고 하신다.

운동회의 대단원의 막은 항상 릴레이 계주다. 5세부터 7세까지 팀별로 유아 12명과 부모 6명의 선수로 구성된다. 선물은 땀을 닦는 스포츠 타올을 해마다 준비한다. 달리기를 하면서 흘린 땀방울을 닦으라는 의미를 두었다. 우선 아이들이 먼저 달리게 되는 데, 5세 아이들은 발달상 계주의 의미를 잘 모른다. 갑자기 앞서서 잘 달리던 계주 선수는 누나가 보이면 멈추어 서서 손을 흔들어 주고 이야기도 하다가 달리기도 한다. 같은 팀의 담임 선생님과 부모님의 속이 타들어 가는 순간이다. 어떤 5세 계주 선수는 잘 달려오던 길을 갑자기 되돌아 힘차게 달린다. 그럴 때면 어른들은 눈물까지 흘리며 웃는다. 너무 귀엽고 사랑스러워 관객은 모두 승부를 잊는다.

6~7세 정도가 되면 뛰는 방향도 알고 승부에 대한 이해가 생겨서 무척이나 열심히 달리고, 지면 눈물까지 보인다. 물론 지는 아이가 더 성장할 가능성이 크다. 다음 해에 반드시 승리하겠다며 1년 내내 부모님과 달리기 연습을 하는 아이도 있었다. 가족애를 키울 수 있고 건강을 도모할 수 있으니 실패는 성공의 어머니라고 했던가?

찬이는 6세 때 한발 차이로 상대에게 지고 나서 7세 때까지 정말 열심히 달리기 연습을 했다고 한다. 부모님께서 가을 운동회를 위하여 봄부터 준비하는 찬이 때문에 바쁘다고 자랑 반 투정 반 내게 이야기해 주셨다. 7세가 된 찬이는 가을 운동회에 목표를 충분히 달성했다. 스스로 노력해서 얻은 결과이니 찬이 스스로 만족감은 매우 컸다. 찬이는 앞으로 꿈을 꾸면 그 꿈이 무엇이든 노력하면 이룰 수 있다는 큰 교훈을 가슴에 새겼다.

부모님들의 계주는 무서울 정도의 속도가 난다. 날아다닌다는 말이 어울릴 정도로 단 몇 걸음에 운동장 한 바퀴를 돌아 골인 지점에 온다. 속도가 너무 빨라서 넘어지면 살갗을 다쳐도 많이 다치기에 우리는 바톤을 아주 큰 1미터 바톤으로 준비하거나 장애물을 놓거나 하여 사고를 미연에 방지한다. 그러나 역시 달리기의 맛은 최고의 속도에 도전하는 데 있지 않을까?

아빠들의 계주는 이 나라의 기둥인 가장들의 건강을 대변해 준다. 그들의 활기가 마치 우리 마음속에 심어지듯 흥이 절로 난다. '푸른 꿈 가족 여러분! 오늘 마음껏 행복하세요!'라는 메시지를 담고 있는 듯이 파란 가을 하늘은 더 높아만 간다.

나는 개회 선언을 잘 해냈고, 찬이는 달리기를 잘 해냈다. 원하는 것을 노력하여 얻게 되면 자신감이 커진다. 이것이 참 공부다. 다음에 도전해야 할 과제가 다가올 때 나와 찬이는 운동회에서 맛본 성취감으로 또 다른 일에 도전할 것이다. 운동회 때 얻은 여러 경험들은 아이들이 두려움 없이 앞날을 헤쳐 나가는 데 발판이 되어 줄 것이다. 운동회는 찬이와 나뿐만 아니라 참여한 모든 사람들에게 즐겁고 행복한 경험을 선사해 주었다.

풋사과 원장님

나는 파란 사과를 싫어한다. 왜냐하면, 파란 사과는 아직 먹어서는 안 될 것 같은 풋내를 연상케 하기 때문이다. 만약 사람이 설익으면 어떤 맛이 날까? 더욱이 금쪽 같은 내 아이를 맡기는 어린이집의 원장 선생님이 설익은 사과처럼 보인다면 큰일일 것이다. 부도를 겪고 난 후 어린이집에 대한 학부모들의 관심이 더 높아졌다. 이상하게도 아이들의 수는 더 늘어났다. 기쁘기도 했지만 뭔지 모를 두려움도 느껴야만 했다. 제대로 된 교육을 하고 싶었다.

나는 어린이집 시설장 양성 교육을 3개월 받고 140명 인가를 받았다. 하지만 이렇게 큰 규모의 어린이집을 운영할 수 있는 능력과 경험이 부족한 새내기 원장이었다. 이렇게 많은 재원생과 학부모, 교사들을 책임지고 이끌고 가야 한다는 사실이 부담스럽게 느껴졌다. 물론 요즘은 제대로 수련할 수 있는 선행 수련 기간도 있다. 보육교사 2급에서 3년 경력을 쌓은 후 승급 교육을 통해 1급이 되고, 보육교사 1급에서 3년 경력을 더해야 원장 자격을 부여받을 수 있었다. 정규 교육을 받은 후 보육교사 2급 자격을 받고서도 총 6년의 수련 과정이 있는 셈이다. 그러나 나는 수련 과정 없이 여러 사건으로 말미암아 현장 체험하듯 배운 것들이 많았다.

아이들이 늘어나니 하루하루가 좌충우돌이었다. 아무리 최선을 다하더라도 단 하루도 아무 일 없이 지나가는 날이 없었다. 하루는 아이가 다치고, 하루는 선생님이 아파서 결석을 하고, 하루는 주방에서 문제가 발생하여 가마솥밥을 내가 지어야 했고, 어느 날은 차량 운행 팀에서 접촉 사고가 나서 다툼이 벌어지는 일 등 예측할 수 없는 일 투성이었다.

그중 현이 엄마를 떠올려 본다. 그 분과의 만남은 대규모 어린이집으로 이전한 직후였다. 현이는 다섯 살 여아였는데 다른 아이들의 평균 체중보다 체중이 1.5배 정도 더 나가는 아이였다. 현이는 유난히 미끄럼틀 놀이를 좋아했다. 어느 날 놀이실에서 교실로 가는 시간에 한 번만 더 미끄럼을 타려던 현이는 급히 미끄럼 계단에 오르려다 그만 발을 헛디뎌 계단참에 머리를 부딪히게 되었다. 몸무게가 있는지라 '쿵'하고 바닥에 떨어지는 소리가 내 가슴 밑바닥까지 전달이 되었다.

어린이집에서는 아이들의 안전사고가 가장 큰 일이다. 살펴보니 눈가가 부딪혀서 살이 찢겨져 피가 흐르고 있었다. 나는 혼비백산하여 아이를 데리고 지정 병원으로 달려가면서 곧바로 어머니께 전화를 했다. 첫째가 다치는 사고는 부모에게 공포에 가깝다. 처음 경험이기 때문에 더욱 그렇다. 현이 어머니의 두려움은 몇 배 더하셨다. 아이는 눈썹 윗부분을 꿰매고 나서야 집으로 돌아갈 수 있었다.

그 다음날 현이는 보통 때처럼 등원하여 잘 놀고 있었는데 갑자기 경찰이 현이 어머니의 신고로 방문했다고 하는 것이었다. 그 이유는 아이들 사고를 은폐하고 축소할까봐 경찰의 도움을 요청했다고 한다. 깜짝 놀랐다. 현이는 잘 놀고 있는데, 어머니의 놀란 마음이 진정되지 않은 것을 알 수 있었다. 경찰도 어린이집에 와서 자초지종을 듣고서 치료를 잘 해주라는 당부를 남기고는 가버렸다. 작은 상처였지만 어머니 마음이 많이 놀란 것이었다. 죄송할 뿐이었다. 그 뒤 안전사고가 있을 때마다 부모님의 불안을 덜어 드리고 소통을 잘할 수 있는 원장이 되리라 마음먹고 더욱 적극적으로 학부모와의 소통을 위해 발 벗고 나섰다.

그 뒤 부모님들과 독서 모임을 만들었다. 토머스 고든Thomas Gordon의 《부모 역할 배워지는 것인가?》라는 책으로 의사소통 이론 스터디를 시작했다. 좀 더 효과적으로 나의 의사를 전달하는 법, 아이들의 말을 잘 듣는 방법 등에 대해 서로 나누며 공부했다. 1기가 수료하면 2기를 모아 스터디를 다시 시작했다. 부모님들은 자녀와의 소통이 원활해졌으며 아이들의 표정도 달라졌다. 잘 듣고 잘 말하는 것이 이렇게 중요한 일일 줄이야.

그날부터 소통에 관한 공부를 놓지 않았다. 어린이집의 부모교육 전통은 여기에서 시작되었다. 부모님과 반복된 스터디를 하느라 어느새 나는 대화법에 익숙한 태도를 지니게 되었다. 소통 공부를 수료한 부모들 간에 푸른 꿈 부모라는 자부심이 생겼다고 하셨다. 스스로 공부하여 가족들과 친구들에게 효과적인 대화를 실천하니 관계가 회복되고 좋아진 경험을 하게 된 것이다. 비록 현이 엄마는 우리 어린이집을 떠났지만 그분과의 만남을 계기로 소통에 대한 공부를 시작했고, 그 이후 부모교육 지도자가 되어 소통 강의도 하게 되었다.

기억하기 싫은 풋사과 원장 이야기가 있다. 성대 어머니 이야기이다. 어린이집 소문이 좋아서 찾아오신 어머니였다. 5세, 7세 두 아들을 입학시키려고 기대에 차서 입학식에 오셨다. 스무 명이 안 되는 아이들만을 돌보던 선생님과 나는 새로 이사 온 커다란 강당에서 50여 명의 입학식을 하면서도 큰 걱정을 하지 않았다. 운동장만한 강당에서 입학식을 시작하려는데, 옆으로 밀어 놓은 놀이기구에 오르는 아이들, 달리기를 하는 아이들, 무대에 오르내리는 아이들 등 정신이 없었다. 간신히 모아놓고 입학식을 하려니 아이들이 집중이 안 되는 것은 물론이었고, 개회를 하고 원장 인사를 하는데 아이들이 다시 뛰어다니기 시작했다. 한쪽에서는 넘어져 울고 난장판 되었다.

나도 선생님들도 낯선 아이들을 통제할 능력이 없었다. 신입 원아가 적으면 기존 아이들과 섞여서 따라 할 텐데 거의 70퍼센트 이상이 신입생이니 선생님의 말을 들을 수 있는 상황이 안 되었다. 어설픈 원장의 모습이 들통 나는 순간이었다. 규모도 커지고 멋진 입학식을 기대했는데 리더십이 부족한 나의 모습은 학부모에게 환영 인사말 한마디조차 제대로 못하고 얼버무리며 아이들을 각반으로 해산하는 것이 최선이었다. 귓볼이 빨갛게 되고 가슴에서 뜨거운 불덩이가 올라오는 것 같은 답답함이 느껴졌다. 내가 부끄러운 생각에 고개를 들지 못하고 머리를 감싸 안고 사무실에 잠시 앉으려는데, 성대 어머니께서 아이들을 데리고 내게 오셨다.

"원장님, 사실 좋다고 해서 기대를 했는데 조금 실망이에요. 저는 먼저 보내던 어린이집이 더 맞을 것 같아요."라며 입학을 취소하겠다고 했다. 입학식의 광경이 눈앞을 스치면서 얼굴이 뜨겁게 달아올라서 무슨 대답을 할지 몰랐다. 입학금은 돌려주었다. 자업자득이었다. 나의 무능함을 탓할 수밖에 없었다. 아이를 사랑하는 것만 가지고서 교육을 한다고 할 수 없다. 아이들의 발달에 맞는 집중 방법을 내가 몇 가지라도 익혔더라면 얼마든지 재미있는 입학식이 될 수 있었을 것이다.

그때부터 20년을 아이들과 함께 하는 법을 배웠다. 설익은 원장이 발전하는 일은 20년 동안 멈추지 않은 배움의 연속이었다. 우선은 만인들 앞에서 이야기를 할 때 큰 소리로 재미있게 이야기 할 수 있도록 동화 구연을 배웠다. 그 덕분에 조회 시간에 동화를 들려주는 재미있는 원장 역할을 할 수 있었고, 그 다음 해엔 입학식을 동화를 통한 인사로 무리 없이 잘 할 수 있게 되었다.

일 년을 동화 구연을 공부하니, 내 목소리로 동화 10여 편을 CD에 수록하는 기회를 얻어 어린이날에 선물도 했다. 아이들은 동화 속에서 원장님이 나온다면서 좋아했다. 발성 연습을 하다 보니 여러 사람 앞에서 말하는 것에 대한 두려움이 조금씩 해소되었다. 또한 대화법 과정을 공부하여 소통 강사 자격을 얻게 되었다.

어린이집 운영은 지역사회가 잘 돌아가도록 담당하는 큰 역할이다. 아이들이 행복해야 부모가 행복하고 그래야 행복한 사회가 만들어지지 않는가. 그래서 교사는 아이만 돌보는 것이 아니라 학부모와 더 넓게는 지역사회와 국가 정책에 관심을 갖고 아이를 돌보는 것이 사명이다. 두 어깨가 무거워지지만 열심히 하다 보면 더 좋은 길이 열릴 것이라 믿고 그 길을 걸었다.

용서의 꽃이 피기 시작하다

"저는 영young 하고 멋진 리더 김수철입니다. 이순신 장군님을 닮고 싶습니다. 이순신의 용기와 미덕을 닮아서 앞으로 멋진 사람이 되겠습니다!"

졸업생들은 모두 한 사람씩 마이크 앞에서 '큰사람 선언'을 한다. 이 발표는 졸업의 마지막 관문과도 같은 중요한 행사다. 아이들은 통과의례처럼 이 관문을 통과하고 초등학교에 간다. 졸업생들은 교사와 학부모들에게 큰 박수를 받으며 황금색 트로피를 받는다. 누가 봐도 흐뭇한 모습일 것이다. 어린이집을 졸업한 아이들은 이제 세상에 첫 발을 내딛은 것이나 나름 없기에 아이들이 세상에 잘 적응할 수 있도록 도와야 할 것이다.

2000년에 원장 리더십 교육을 받게 되었다. 여기서 일본의 유치원을 소개하면서 졸업 관문 전통을 알게 되었다. 졸업 직전 2주 동안 추운 날씨 속 바닷가에서 극기 훈련을 하는 동영상이었다. 그 영상을 보는 순간 우리 아이들이 과잉보호를 받으며 크는 것은 아닐지 잠시 생각해 보게 되었다. 이 일을 계기로 그해부터 졸업 관문을 만들었다.

이 프로그램은 아이들이 자신의 효능감과 존중, 협동 등을 배움으로써 자기 주도성을 기를 수 있게 만들었다. 초등학교에 들어가기 전에 기본으로 익혀야 할 질서 훈련과 미덕 프로그램을 응용한 것으로 영리더 대회, 미덕 대회, 위인전 독서 대회로 3단계로 진행했다.

매년 12월 첫 주가 되면 졸업반 아이들은 마음이 들떠 있다.

"선생님, 진짜 새벽에 와야 해요? 깜깜할 때요?"

"엄마가 못 일어나면 어떻게 하죠?"

"달리기하는 거 맞지요?"

아이들은 처음 경험해 보는 영리더 대회를 기대하며 계속해서 질문을 했다. 드디어 대회 첫날이 되자 긴 불빛 행렬이 시작되었다. 부모님들은 이른 등원 시간을 맞추느라 갸웃거렸지만 아이에게 좋은 경험을 선물해 줄 수 있겠다는 생각에 정시에 등원할 수 있도록 도와주었다. 사흘 동안 새벽에 등원을 해야 하는데 아이들은 지각이라도 할까봐 긴장을 한 채 잠을 잤다고 했다. 아이들과의 새벽 산행은 4개조로 나눠 각 반의 선생님과 보조 선생님이 아이들의 안전을 책임졌다. 두터운 겨울 외투와 모자, 장갑을 챙겨서 부모님과 달려온 아이들은 마치 눈사람과 같았다. 자신이 새벽에 어린이집에 왔다는 사실이 무척 신기하고 자랑스러웠는지 새벽부터 시작된 국민 체조를 구령에 맞춰 잘 따라했다. 체조를 마치면 오늘 내가 발휘하고 싶은 미덕을 찾아 그것을 적어 가슴에 붙인다.

"자, 멋진 영리더들이 어떤 미덕을 발휘하고 싶은지 발표해 보아요."

아이들은 저마다 "도전이요!, 용기요!, 질서요!, 배려요!, 용기요!, 양보요!" 등의 미덕 다짐으로 출발 준비를 마친다. 구령에 맞추어 산으로 출발할 때면 아이들은 이미 새로운 경험에 대한 기대와 호기심 가득하다. 그 모습은 우리에게 미래에 대한 희망을 안겨준다. 담임선생님과 함께 일주일 전부터 계획했던 영리더 대회는 희망차게 시작된다. 미션은 어린이집 뒷산을 크게 세 바퀴 걸어 내려오는 것이다. 아이들이 힘들어 할 때쯤 선생님은 질문을 한다.

"자, 어떤 미덕을 발휘해 볼까? 숨이 가쁠 땐, 걷기 싫을 땐 어떤 미덕이 필요할까?"

"도전, 용기, 끈기, 인내!"를 아이들은 외치며 마음을 다잡고 다시 도전한다.

아이들 스스로 자신이 선택한 미덕을 발휘하며 완주를 하면 선생님은 아이들을 격려하고 칭찬해 준다.

"네가 약속한 미션을 해낼 수 있었네?"

"혼자 뛰었으면 어려웠을 텐데 친구들과 함께하니 어려워도 해낼 수 있었지?"

아이들은 첫째 날, 스스로 발휘한 협동심으로 졸업 관문을 통과했다는 자신감과 성취감을 얻는다.

둘째 날은 외나무다리 건너기를 하는데 어제와 마찬가지로 뒷산을 세 바퀴 돌면서 중간에 외나무다리 코너를 건너오는 미션이다. 처음에는 외나무다리가 무서워서 사시나무 떨듯이 떠는 친구들도 있었다. 하지만, 두세 번 도전하면 언제 그랬냐는 듯이 쉽게 건너게 된다. 첫날이 지나면 그 다음날부터는 아이들끼리 온통 등반 이야기로 하루가 지난다. 학부모들은 아이들의 좋아하는 모습을 보면서 저절로 졸업 관문에 더 흥미를 갖게 된다.

마지막 날에는 난이도가 높은 5미터 외나무다리 미션을 통과해서 동산을 세 바퀴를 도는 프로그램이다. 자신의 키보다 더 높은 외나무다리를 긴장한 채 건너는 아이들을 보면서 교사도 성공 여부를 장담할 수가 없었다. 조별로 모두 성공해야 다음 미션으로 갈 수 있는데 같은 조원 아이들의 응원 소리에 아이들은 용기를 내는 것 같았다. 아이들이 외나무다리를 건널 때는 떨어질 때를 대비해서 선생님이 아래에 대기하고 있기도 하고 떨어지면서 선생님이 손을 잡을 수 있도록 옆에서도 지켜봐 준다.

아이들은 떨어지면 다시 다리로 기어올라서 맨 뒷줄부터 차례로 기다렸다가 다시 도전한다. 뒤로 다시 가는 아이들에게는 "도전의 미덕을 발휘해 봐, 네 안에 있어! 아자아자!"라고 힘껏 응원해 준다. 어느새 아이들은 선생님들이 자신을 응원해 주는 그 모습대로 친구들을 향해 아낌없이 응원을 해주고 있었다. 마지막 미션인 만큼 이날은 모두 모여 협동 게임을 했다.

"즐겁게 춤을 추다가 5명 모여라!"

아이들은 이리저리 몰려다니면서 즐거운 탄성을 지른다. 먼동이 트는 하늘 아래에서 짝 찾기 놀이, 마트 놀이 등을 모두 모여 즐겁게 한다. 손을 호호 불고 발이 시리다고 하는 아이도 있지만 아이들에게도 추위를 이겨낼 수 있는 경험을 주려는 의도도 있기 때문에 시간을 채우고 하산을 했다.

"영리더 대회 동안 너희에게 인내의 미덕을 보았어. 추운데도 울지도 않고 참는 모습에서 끈기의 미덕도 발견했지. 게임을 할 때 기뻐함의 미덕과 협동의 미덕, 그리고 경청의 미덕도 보았어. 미덕 대장들의 영리더 대회는 오늘로 마칩니다!"

"선생님, 또 언제 해요? 재미있어요. 내일은 안 해요?"

눈을 반짝이며 던지는 이 질문 한 마디가 졸업 관문 전통을 이어나갈 이유가 되었다.

아이들은 주도적으로 자신들이 놀 수 있도록 도와주어야 한다. 졸업 관문으로 아이들이 스스로 해낼 수 있는 독립성과, 도전 의식과 성취감을 심어주며 좋은 인성을 갖출 수 있도록 도와주었다. 아이들이 초등학교에 입학하기 전 수행할 수 있는 가장 좋은 선물이었음을 지금도 자부한다.

두 번째 관문은 미덕 대회이다. 미덕 대회는 긍정적인 언어로 칭찬하기, 미덕 골든 벨, 그리고 부모님께 드리는 편지로 이어진다.

"선생님이 영리더 대회를 이끌 때 뭘 발견했어요?"

"사랑이요. 제게 선생님 장갑을 끼워 주셨어요."

"존중이요, 제가 등원할 때 웃으면서 맞이해 주셨어요."

"화합이요, 우리가 서로 게임을 잘 할 수 있도록 도와주셨어요."

영리더 대회를 마친 아이들은 사람들이 베풀어 준 미덕이 무엇인지 인정할 줄 알게 된다. 교사들 또한 아이들이 발휘한 미덕을 칭찬해 주면서 바람직한 행동으로 더 나아갈 수 있도록 이끈다.

"선생님 말을 경청해 주었네?"

"예의 있게 인사를 잘해 주었네?"

"선생님을 안아 주는 사랑이 따뜻한 걸!"

"모두 협동하며 이 일을 해낼 수 있었어."

"와, 그림일기가 탁월한 걸!"

이 대회의 하이라이트는 골든 벨이다. 선생님이 미덕의 내용을 읽어 주면 짝꿍과 함께 상의하며 그 미덕의 이름을 적는 것이다.

"정답을 들어 주세요!"라고 외치면 아이들은 머리 위로 칠판을 들어 올리는 데 정답을 맞히면 교실이 떠나가라 함성을 지른다. '도전 미덕 골든 벨'은 학부모도 함께 참관을 하는데 여기저기에서 감탄하는 소리가 들려왔다. 그도 그럴 것이 매일 미덕의 말을 듣고 자란 아이들에 비해 부모님은 잊고 살 때가 많지 않은가. 그래서인지 부모님들이 아이들을 기특해 하고 대견하게 생각했다. 골든 벨을 마치고 나면 아이들은 자신이 적었던 미니 칠판을 선물로 받는다. 자신들의 추억이 새겨져 있어서인지 그 어떤 선물보다 아이들은 이 칠판을 좋아했다.

세 번째 활동은 부모님께 편지 쓰기다. 낳아 주고 길러 주신 부모님의 은혜에 대한 동화를 읽거나 이야기를 나눈 뒤 부모님께 감사 편지를 쓰는 것이다. 글씨는 삐뚤빼뚤하지만, 아이들이 얼마나 집중을 하는지 교실이 숙연해진다. 편지 내용은 부모님에게 감사하며 동생과 싸웠던 일 등을 반성하는 내용이 많다. 편지를 쓰며 자신의 잘못을 뉘우치기라도 하며 우는 아이들도 있었으니 아이들은 참 순수하다는 것을 느낄 수 있었다. 그렇게 스스로 쓴 편지는 다같이 우체국을 방문하여 집으로 부치는 것으로 마무리되었다.

드디어 마지막 졸업 관문까지 오면 '큰 사람 선언식'을 한다. 아이들은 졸업을 앞두고 위인전을 부모님과 함께 읽는 시간을 보낸다. 매일 읽고서 그 위인에게서 발견한 미덕이 무엇인지 노트에 적기도 한다. 교실에는 막대그래프로 자신이 읽은 위인전 표시판이 붙여져 있어서 스티커를 붙이며 읽은 만큼의 키를 자랑한다. 길상이는 링컨을 읽고 7개의 미덕을, 김만덕을 읽고서 5개의 미덕을 찾았으며 이순신을 읽고 22개의 미덕을 찾아 교사들을 놀라게 하기도 했다. 이 독서 대회는 위인들에게 있는 미덕을 찾아보면서 자신이 닮고 싶은 모습을 찾아내는 것에 그 목적이 있다.

어린이집의 새벽 훈련은 이렇게 시작하여 전통이 되었다. 부모들은 아이들이 좋아하고 선생님들이 신이 나서 추진하는 졸업 관문 프로그램에 대한 신뢰를 가지게 되었다. 아이들 스스로 기다리며 흥분하는 프로그램이 되었고, 서로를 인정하고 칭찬하는 일이 얼마나 소중한 것인지 배우는 마당이 되었다. 자제력과 자율성, 협동심, 화합 능력을 키워 아이들의 자신감을 키우는 관문으로 자리 잡게 되었다.

가족은 나의 힘

큰아이가 초등학생 6학년, 작은아이가 4학년 때의 일이다. 어린이집 일을 끝내고 늦은 귀가를 했을 때, 아이들이 과제를 해 놓지 않으면 온갖 비난을 퍼부으며 나무랐다. 아마 아이들에게 내 스트레스를 푼 것 같다. 나는 정작 내 아이들도 자신과의 약속을 지키기에는 아직 힘이 부족하다는 사실을 인정하려고 하지 않았다. 아이들과 함께 기분 좋게 과제를 마칠 수 있도록 도움을 주는 엄마가 되고 싶었는데 현실 속 나는 항상 시간이 부족했다. 늘 바쁘고 시간이 없는 엄마가 되어 버렸다. 그런데 여기서 끝나는 것이 아니라 오히려 아이들을 나무라고 책임만 추궁하는 어리석은 엄마의 모습까지 드러냈으니 지금도 미안할 따름이다.

"너희는 훌륭하게 되기는 다 틀렸다."라는 악담을 아이들에게 하기도 하고 심지어 밀린 학습지를 보자마자 아이들이 보는 앞에서 시골집 아궁이에 던져 넣기도 했다. 가끔 아이들에게 뭐가 엄마에게 가장 서운했냐고 물어보면 그때 이야기를 한다. 정말 지금도 어디라도 숨고 싶을 뿐이다.

사실 그때가 어린이집이 부도가 나서 정신이 없던 때이기도 하다. 그래서 제대로 아이들을 돌봐주지 못한 것 같아 그 시절이 아쉽고 안타깝다. 다행히 어려운 시절을 이겨내고 어엿한 성인이 된 두 아들은 내 삶의 정원사가 되어 부모의 건강을 챙겨 주며 응원까지 해 주는 든든한 존재가 되었다. 자식들의 신뢰와 응원을 등 뒤에 받으면서 부모라는 이름으로 오늘도 힘 있게 한발 앞으로 내딛는다. 부족한 부모 밑에서 스스로 잘 커 준 아이들이 고맙다.

어린이집을 시작한 지 2주쯤 되었을 때 초등학교 2학년인 막내의 항의가 대단했다. 방과 후에는 집으로 돌아갔으면 좋겠는데 꼭 내가 있는 어린이집으로 오는 것이었다. 그러면서 잔득 골이 나서 "엄마는 왜 저 아이들만 쳐다보고 나는 집에만 가라고 하는 거야? 나를 사랑하지 않는 거지?"라며 난처한 말만 했다.

"엄마가 없는 집에 가기 싫어! 안 갈 거야!"

막내는 나와 함께 집에 가기를 원했는데 그때마다 500원을 쥐어 주고 아래층에 있는 책 대여점으로 달래어 보내곤 했다. 다행히 책을 좋아하는 아이였고, 그런 아이를 사장님도 예뻐해 주셨다. 그러던 어느 날, 아이가 감기 기운이 있는지 축 쳐져서 왔는데 나는 그때도 일이 바빠 제대로 돌봐주지 못했다. 일을 마치고 아이를 찾는데 보이지 않아 여기저기 찾았던 기억이 난다. 아무리 찾아도 아이가 보이지 않아 걱정이 될 찰나에 아이가 기운 없이 어린이집으로 다시 들어왔다.

"엄마가 미워서 그냥 길 따라 계속 걸었어. 엄마가 찾아올 줄 알았는데 엄마도 없고, 몸도 아프고 무서워서 다시 돌아왔어."

겨우 초등학교 2학년인 막내는 엄마 일터에 오지 않겠다고 매일 손가락을 걸었다. 그러나 어린 나이에 약속을 못 지키는 일을 스스로 미안해하면서 제대로 울지도 않았다. 내일부터 약속을 꼭 지키겠다고 힘없이 말하는 막내를 꼭 안아 주었다. 너무 미안해서 할 말이 없었다. 아이는 어린이집을 안 하면 좋겠다고 천진스럽게 말하기도 했는데 그때마다 나는 엄마가 꼭 하고 싶은 일이니 이해해 달라고 했다. 그러면 아이는 금방 "걱정 마."라고 말하며 웃어 주었다. 막내는 사춘기로 접어들자 점차 조용한 성격으로 바뀌었다. 활달한 성격이었는데 변한 모습을 보면 이내 내 탓만 같아서 미안한 마음이 들 때가 한두 번이 아니었다.

'엄마가 바쁜 동안 너 혼자 애태우며 맘 졸인 일이 얼마나 많았을까?'

4학년이었던 큰 아이는 작은 아이보다 조금 더 철이 들어서인지 내가 집에 없다고 불평을 하지 않았다. 스스로 학교 과제를 하고 공부도 열심히 하는 것 같았다. 모범생이란 말을 주위에서 늘 듣는 아이였다. 엄마를 그렇게도 찾던 아이였는데 동생을 보고 나서는 동생 눈치 보느라 나를 찾지도 않았다.

내게 큰아이는 참 든든한 존재가 되었다. 그러나 큰아이가 사춘기를 보낼 때 나도 부도를 맞아 정신없이 뛰어다닐 시기였다. 어려운 시기가 지나고 아이들을 생각하니 아이들과 제대로 된 대화를 나눈 적이 없다는 사실에 충격을 받았었다. 그저 할머니가 돌보기 힘들까봐 둘이 싸우지 말라는 말과 밥 먹었냐는 말만 했을 뿐 내 상황을 해결하느라 눈 코 뜰 새가 없었다.

큰아이는 어려서부터 겁이 많고 마음이 여린 아이였는데, 나의 부재로 인해 얼마나 힘들고 외로웠을까 하는 생각이 들었다. 그때로 시간을 되돌릴 수는 없지만 아이들에게 두고두고 평생 고마울 것 같다.

남편은 나를 지켜봐 주고 응원해 주는 지원군이다.

"당신이니까 그 일을 해낼 수 있었던 거야."

"난 괜찮아, 신경 쓰지 말고 어린이집 아이들 안전하게 잘 돌봐야지."라는 말로 늘 나를 안심시켰다. 직업이 교원인 남편은 교사의 입장을 누구보다 잘 알아 나를 가르쳐 주기도 했다.

"선생님들 일찍 퇴근시키는 원장이 유능한 원장이야."

"당신이 아이들의 인원수를 세면서 돈을 생각하는 원장이 된다면 즉시 일을 그만 두어야 해."

남편이 해준 말들은 내가 어린이집을 운영하는 동안 어록이 되었다. 늘 초심을 잃지 않게 해 주었다. 어린이집 일은 행사 준비, 교사회의, 교육, 사고, 부모 방문 등 예기치 않은 일이 많이 일어난다. 그래서 퇴근이 늦어지는 경우가 허다하다. 남편은 5시 30분이면 퇴근을 했는데 어린이집은 법정 퇴근 시간이 저녁 7시다. 그래서 남편은 퇴근하고 늘 혼자서 뒷산을 올랐다.

남편은 어린 시절 시골에 살며 산에 다니는 일이 많았는데 그 때마다 어릴 때를 추억하며 재미있게 다녔다고 했다. 그러나 직장생활의 노곤함을 아내와 풀 새도 없이 집에 와서도 바쁜 아내를 보며 얼마나 외로웠을까 싶다. 우리 가족이 아내와 엄마를 빼앗기고 산 세월이 참 길었던 것 같다. 또 한 가지 남편에게 고마운 일은 언제나 나를 기다려 준 일 외에도 내가 하는 요리를 맛있다고 해 주는 것이다. 어린이집을 운영하며 시간이 없으니 밥은 외식을 하거나 정해진 찌개나 반찬 등으로 일관되게 먹기를 오랫동안 했다. 그래도 늘 맛있다고 해 준 남편에게 정말 고맙다. 그가 있었기 때문에 어려운 상황에서도 움츠러들거나 좌절하지 않은 채 살아 올 수 있었다. 남편에게는 늘 고마운 마음이다.

Chapter 3

진실함이 부르는 성공

다시 한번 도전하다

어느 날 갑자기 반가운 손님이 찾아왔다. 내가 믿고 따르는 초등학교 선배였는데 중요한 의논이 있다고 하는 것이었다.

"유 원장이 어린이집 운영을 잘하고 있으니 신축을 하면 땅 짚고 헤엄치기 할 수 있을 거야."

신축이라는 말만 들어도 몸서리가 쳐졌다. 아직 어린이집에 빚이 남아 있었고, 내가 직접 건물을 짓는다는 생각은 꿈에서도 해 본 적이 없었다. 두려운 마음이 먼저 들었지만 사실 한편으로는 설레는 마음이 들기도 했다. 하지만 월세를 내고 살고 있는 현재의 건물도 과분하다고 느꼈기 때문에 그저 먼 이야기일 뿐이었다. 하지만 선배는 땅을 사서 아이들이 행복하게 교육받을 수 있는 건물을 지어 주겠다고 하는 것이었다. 아이들을 위한 계단 높이, 교실 안에 있는 화장실 등을 이야기하면서 모두가 나서기만 하면 이 꿈은 이루어질 수 있다고 말했다. 내가 마음만 먹으면 건축은 본인이 책임지고 맡겠다고 말했다.

"지금 건물은 식당 용도로 지어졌지만, 아이들에게 알맞은 환경을 갖추면 원아 모집이 더 잘 될 거야. 월세는 남 좋은 일만 시키는 거니 결심만 하면 내가 도와줄게."

정말 호언장담을 해서 내 마음이 움직였지만 남편의 월급으로 공사비를 충당한다는 것은 현실적으로 불가능했다. 하지만 선배는 함께 시작하자면서 계속 설득했고, 경제적으로 도움이 필요하다면 본인이 대출까지 알아봐 준다고 하는 것이었다. 물론 내가 선뜻 나서지 못하는 이유 중 가장 큰 이유가 경제적으로 어려웠기 때문이었는데, 대출을 받을 수 있도록 도와준다고 하니 어느새 용기가 나기 시작했다.

사실 그즈음에 내게 간절한 꿈이 있었다. 지난 건물에서 이사할 때 화장실 문제가 해결되어서 좋았지만 이번에는 아이들이 오르내리는 계단이 높아서 항상 마음을 놓을 수가 없었다. 그리고 대형 현관 창문이 자동으로 닫힐 때 아이들의 손이 끼는 사고가 자주 일어나서 이것 또한 문제였다. 이 기회는 다시 못 올 행운이었다. 우리 부부는 선배와 함께 도전해 보자는 근거 없는 용기를 냈다. 정말 근거가 없었다. 얼마나 걱정이 되었는지 매일 가슴이 두근거렸다. 그때 너무 고민이 되어 제부에게 상담을 했었다. 괜히 무리하게 건축을 하는 게 아닌가 해서 말이다. 그런데 제부는 "처형! 이 세상은 저지르는 자의 몫이래요. 저는 신축에 적극 찬성합니다!"라며 격려를 뜨겁게 해 주었다.

어린이집을 짓기 위해 첫 번째로 해야 할 일은 건물을 올릴 땅을 찾는 일이었다. 며칠에 걸쳐 여러 부동산 사장님을 따라 다녔지만 마땅한 곳이 없었다. 그런데 며칠 뒤 괜찮은 자리가 있다는 연락을 받고 도착하니 지난 번 마음에 들었는데 길이 나지 않아 못 샀던 땅이었다. 그런데 이번에는 길이 없어서 아쉬운 마음이 아니라 옆으로 자라 있는 배나무 밭에 온통 관심이 쏠렸다. '그래! 바로 여기야!' 배나무는 줄기마다 하늘로 쭉쭉 뻗쳐 자라는 성질이 있어서 나를 보고 어서 오라고 반갑다고 하는 것 같았다. 이것이 얼마나 엄청난 시작이었는지 그때는 미처 알지 못했다.

마음을 정하고 나서 곧바로 신축 공사에 들어갔다. 남편과 나의 유일한 재산인 32평 아파트를 팔아서 전세금을 되돌려 주고 난 1억 원을 기초 자본으로 시작했다. 집이 없는 우리는 건축 기간 동안 친정집에서 얹혀살기로 했다. 아이들의 통학 거리가 10킬로미터가 되는 먼 거리였지만 그것도 아이들이 이해해줘서 해결이 되었다.

어린이집 신축을 시작한 이후로 나는 더 바빠져서 아이들의 사정을 다 알지 못할 때가 많았고, 어느새 내 품을 떠나 자신의 문제를 스스로 해결할 수 있는 독립적인 아이들이 되었다. 그런데 며칠 뒤 부동산에서 노발대발 화가 난 목소리로 나에게 전화를 했다. 본인이 소개시켜 준 땅인데 왜 다른 부동산과 계약을 했느냐며 상거래 위반으로 고소를 하겠다는 것이었다. 서운할 만한 일이었다. 우리 부부는 부동산에는 경험이나 안목도 없었던지라 이 상황을 어떻게 해결해야 할지 몰랐고, 그렇게 공사는 진행되었다.

이러 저러한 우여곡절을 겪으면서 우리는 실왕동에 400평 땅의 주인이 되었고, 건축설계사를 만나서 앞으로 우리가 지을 멋진 어린이집 도면을 설계하기 시작했다. 400평 대지에 바닥 면적이 80평이나 되는 2층 건물이었다. 그림은 건물 외곽을 그린 도면 몇 장과, 녹지 조성과 배수, 전기, 하수, 배선 등 여러 가지 복잡한 도면 10여 장이 함께 묶여 있었다. 여기서 주인이 할 수 있는 일은 그저 건물 색깔을 선택하는 일과 교실 면적을 알맞게 조정하는 일, 화장실, 계단참을 아이들의 연령에 맞게 만드는 일 정도였다. 나머지 세세한 것들은 모두 전문가의 몫이었다.

나는 현장을 오가면서 어린이집을 완공하면 매일 보게 될 배나무 밭을 보며 기뻤다. 건축 설계를 하는 동안에도 그 땅을 가 보고 또 가 보았다. 160평 2층 건물을 짓다니 꿈만 같았지만 마음 속 부담은 또 그만큼 생겨났다. 내게 '1억'이라는 숫자는 부도 사건을 떠올리게 하는 트라우마 같은 것이었다. 이 건축은 다시 내게 그 몇 배 규모의 부채를 안겨 줄지도 몰랐다. 하지만 이미 도전을 시작했고, 망설이는 것 자체가 아무 도움이 안 된다는 사실을 알고 있었다. 힘이 들다가도 제부는 나보다 더 이 땅을 좋아했다.

"제부! 여기서 뭐해요? 아직 아무것도 없는데요?"

"처형, 없긴요. 나는 여기를 혼자서 몇 번이나 왔는지 몰라요. 거래처 갔다가 지나는 길에 들르곤 했어요. 내가 신이 나요. 아무 걱정 말아요. 다 잘 될 거예요."

제부는 건축을 시작하기 전에 주인인 나보다도 더 많이 그 현장을 둘러보았다.

"처형이 건축을 하게 되다니 정말 신기해요. 정말 잘 된 일이에요."

석양에 빛나는 그의 만면에는 미소가 가득했다. 제부는 완공이 되기 전에 누구보다 가장 진심어린 축복을 해 주었고 내가 용기를 낼 수 있게 만든 장본인이었다. 나의 의문 반, 믿음 반이었던 마음에 늘 진심 어린 응원을 해 준 그에게 항상 고맙다.

어린이집 신축 현장 이야기

아이들에게 더할 나위 없는 좋은 환경을 제공해 주기 위해 어린이집 신축을 시작했다. 건축에 대한 경험이나 기초 지식이 없었던 우리 부부는 그야말로 선배에게 모든 것을 의지하고 위임해야 했다. 그런데 첫 번째 공사부터 난관에 부딪혔다. 모든 건물의 시작은 땅속부터 단단히 기초공사를 시작해야 한다. 우리도 중장비 차를 들여 기초공사를 위해 며칠 동안 땅을 파냈다. 그런데 팔수록 물이 고이고 파낸 흙은 웅덩이 주변에 점점 더 쌓여갔다. 마치 백두산 천지를 연상하게 하는 산처럼 높게 쌓인 흙더미와 커다란 물웅덩이가 생긴 것이다. 이상하게 땅을 팔수록 더 큰 물이 나왔다. 수맥을 건드린 것이 아닌가 하고 공사하는 사람들마다 어두운 표정을 짓고는 고개를 갸우뚱거렸다. 그런데 이런 문제가 생기면 어느 순간 건물의 방향을 다시 잡아야 하는 때가 온다. 공사 책임자는 초기 계획과 달리 다른 곳으로 지반을 잡는 것에 동의해 달라고 했다. 우리 땅 400평 안에서 다른 곳을 판다고 저 물이 안 나올 수 있을까?라는 의문이 들었고 곧 '또 전 재산을 들여 무모한 시작을 했구나?'라는 후회가 들었다. 그러나 물러설 곳도 없으니 공사를 계속 진행할 수밖에 없었다. 다시 가장자리 쪽으로 땅을 파기 시작했지만 역시 그곳에서도 물이 나오기 시작했다. 건축을 아직 시작도 안 했는데 이미 힘이 빠지기 시작했고, 건축 기간 동안 넘어야 할 산이 얼마나 많을지 실감할 수 있었다. 땅만 파고 있는 인부들을 보고 있으면 어느새 '이렇게 어려울 줄 알았다면 시작도 하지 않았지'라는 말이 저절로 나왔다. 다행히 이 암흑과도 같은 시간은 계속 흙을 날라다 채우면서 조금씩 물과의 전쟁을 끝낼 수 있었다.

2주가 지나서야 지반이 다져져서 80평이 되는 넓은 건물 바닥을 마련할 수 있었다. 시작이 반이라고 했다. 그제야 선배도 이제 이 위에 2층 건물을 쌓아 올리면 된다고 안심하며 이야기해 주었다. 변덕스러운 마음에 희망이 솟았다. 우리는 그때부터 9개월 동안 선배의 해바라기가 되었다. 선배가 걱정할 때면 함께 걱정했고, 건축일이 잘되고 있다고 좋아하면 나도 덩달아 기분이 좋았다.

물과의 전쟁을 치른 후 다져진 기반 위에 골조를 세웠다. 그리고 철근을 심고 튼튼한 기둥을 만들었다. 전체 건물의 뼈대를 세우고 콘크리트를 부어서 오랜 시간 견딜 수 있는 건물의 벽과 바닥을 만드는 일을 진행했다. 공사가 순조롭게 진행되어 가고 신축 현장 마당에는 개미 떼처럼 흩어져 있는 10센티미터 정도의 세모 모양의 철판 못이 쌓여 갔다. 공사는 전문가들이 하지만 집주인이 공사 현장을 정리, 보조해야 했다.

개미 떼같이 마당 가득 떨어진 철판 못을 줍는 일이 퇴근 후 우리 부부의 일이었다. 건물 골조를 완성할 때까지 반복되는 일이었다. 얼마나 많이 주웠는지 가운데 구멍이 뚫린 긴 세모 모양은 지금도 눈앞에 선하다. 그 못은 매일 몇 백 개 씩 주워도 다음날이면 또 그만큼 떨어져 있었다. 지겹도록 주웠다. 이 못 줍기는 3~4개월 계속 해야 하는데 주말이 되면 지쳐 있는 우리 부부를 도우러 친정 부모님과 아들들이 와주기도 했다.

그날도 가족이 모두 모였다. 어서 완공을 보고 싶다는 꿈 같은 이야기를 나누면서 우리들은 지하 기계실 바닥에 있는 철판 못을 쪼그리고 앉아서 자루에 주워 담고 있었다. 한참을 줍고 있는데 갑자기 투명한 쇠가 "쨍그랑!"하며 떨어지는 소리가 나더니 친정어머니의 비명소리가 들렸다. 순간 큰일이 났다는 것을 직감할 수 있었고, 확인해 보니 친정어머니의 정수리에서 피가 나기 시작했다. 엄마는 머리를 부여잡고 옆으로 쓰러져 있었다.

건물이 빼대만 서 있어서 위층이 훤히 보였는데 2층 꼭대기에서 줄을 타고 건물 외벽 일을 하던 인부가 그만 연장주머니에서 쇠로 된 대망치를 아래로 떨어뜨린 것이었다. 우리는 그때 지하에 있었으니 지상 3층 높이에서 낙하한 망치가 엄마 머리 위로 떨어진 것이었다. 곧 주위에 사람들이 모여들었고, 사람들의 도움을 받아 엄마를 병원으로 모시고 갔다. 사고를 낸 인부는 뛰어내려와 미안하다며 어쩔 줄 몰라 했지만 이미 일은 벌어진 뒤였다.

"우리 장모님에게 무슨 일이라도 생기면 가만 있지 않을 거예요!"라며 남편은 아연실색했고, 아버지는 눈물만 흘리고 계셨다. 정말 내가 어린이집 하나 짓는다며 부모에게 해서는 안 될 일을 한 것 같아 눈앞이 캄캄했다.

의사는 환자보다 오히려 정신을 못 차리고 울고 있는 나를 진정시키며 몇 가지 검사를 해야 한다고 설명했다. 우선 겉으로 보이는 상처는 약하고 피도 멎었다면서 뇌에 얼마나 큰 충격이 가해졌는지 MRI와 CT를 찍어 본다고 했다. 결과는 보나마나라고 생각했다. 3층 높이에서 떨어진 쇠망치의 굉음을 들었고, 쓰러져 있던 엄마의 모습만으로도 어느 정도 예측할 수 있었다. 그런데 오히려 엄마는 "나는 괜찮다! 괜히 노인네가 와서 도와준다고 하다가 너희 좋은 일에 화를 불렀다. 미안하다."라며 사고를 낸 인부를 감싸 주셨다.

“그 사람이 일부러 그런 것도 아니지 않니? 너무 사납게 굴지 마라. 괜히 공사에 해롭다.”

몇 시간 뒤 검사 결과가 나왔는데 놀라운 결과였다. 머리만 부딪혔을 뿐 검사상 모두 정상이라는 것이었다. 며칠 지켜보자고 하면서 사고로 놀라셨으니 진정에 도움이 되는 약과 머리에 바르는 연고만 지어 주고 퇴원하라는 것이었다. 도저히 믿기지가 않아서 우리는 큰 병원에 가고 싶다고 했다. 그러자 의사는 쇠망치가 정면으로 맞아 반사적으로 튀어나간 것 같다고 하면서 만약 비스듬하게 맞았다면 저렇게 온전하실 수 없다고 천운이라고 말했다. 그때부터 엄마의 별명은 ‘철의 여인’이 되었다.

집을 지을 때는 큰 화가 한 번은 온다고 하더니 엄마가 액땜을 몸으로 대신해 주신 것 같아 지금도 죄송하고 감사하여 눈물이 난다. 엄마는 신축한 지 17년이 된 지금도 건강하게 잘 계신다. 부모님과 남편 덕분에 내가 건물을 끝까지 지을 수 있었던 것이다.

사고가 있고 나서 두 배로 더 안전하게 공사를 진행했다. 어린이집 일과로 파김치가 되어서도 퇴근을 하면 공사현장으로 출근하여 경과를 듣고 뒷마무리를 했다. 남편은 거의 매일 공사 일을 상의하느라 술을 마셨다. 우리 부부는 지쳐갔다. 직장에서의 일은 일대로 또 퇴근 뒤에는 건축 일을 돕느라 신경 쓸 일이 너무도 많았다. 남들이 집을 지을 때는 그렇게 쉽게 건물이 올라가는 것 같더니 막상 내 일이 되니 왜 이렇게 문제가 많이 생기는지 이상하다고까지 생각이 들었다. 지치기 시작하니 서로 힘이 들어서 짜증을 냈고, 문제가 올 때마다 서로를 탓하면서 서로 소통하려 하지 않고 지낸 날들이 많아졌다. 건물 벽을 세울 때 사용하는 철로 된 판넬은 가로 1미터 세로는 50센티미터 정도였는데 바닥에 떨어진 몇 개만 주워 정리하려면 젖 먹던 힘을 다 내도 내게는 무거웠다. 그러던 어느 날, 지쳐 있는 우리에게 선배는 또 한 가지 문제를 알려줬다.

"은행에서 대출에 문제가 생겼어요. 당장 2주 이내에 1억 9,000만 원을 마련해야 하는데 어떻게든 해 봐요."

정말 청천벽력이었다. 못하면 부도가 날 수 있다는 이야기에 나와 남편은 예전 일이 또 생각나며 긴장 상태가 되었다. 지금도 그 돈은 큰돈인데 2000년 초이니 오죽했을까. 나와 남편은 정말 돈이 없었다. 어려울 때 의논할 수 있는 사람은 친정 동생들이었는데 이때도 동생들에게 내 상황을 알렸다.

동생들과 아버지가 구해준 돈까지 합해 총 1억 1,000만 원이 되었다. 만일 다음 주까지 돈을 내지 못하면 이 건물을 짓지 못한다고 생각하니 너무도 마음이 아팠다. 서둘러 선배에게 우리가 마련한 돈이 부족함을 보고했고, 그도 잠시 기다려 보라고 했다. 조마조마하면서 하루를 지내고 있는데 은행에서 우리가 마련한 돈을 근거로 해결할 수 있게 되었다는 연락을 받았다. 그렇게 또 한 번의 위기를 넘겼다.

늘 내게 무슨 일이 있을 때 형제들은 아낌없이 도와준다. 정말 고마운 일이다. 모두 넉넉지 않은 살림으로 대출을 급하게 해서 보내준 금쪽 같은 돈이었다. 형제간의 우애를 강조하시는 아버지는 이 소식을 들으시고 무척 흐뭇해 하셨다.

아버지께서는 가지신 전 재산 5,000만 원을 이미 공사비에 보태신 상황이었기 때문에 그저 건물이 완성될수록 나와 남편을 대견해 하셨다. 겁 없이 도전한 어린이집 신축 공사는 땅을 매입하여 준공에 이르기까지 거의 일 년 가까운 기간이 걸렸다. 그동안 몇 번의 고비가 있었을까? 제발 내일이 오지 않았으면 하는 바람으로 지쳐 쓰러져 잔 날도 많았다. 같이 공사를 진행한 선배가 들으면 분명 웃을 것이다. 왜냐하면 남편과 나는 공사 현장을 구경만 한 것이지 정말 어려운 일은 선배가 공사 업체를 만나 해결을 했으니 말이다.

어느새 어린이집 신축 공사가 완공되었다. 감개무량했다. 시작부터 끝까지 나 혼자만의 힘으로 이루어진 것은 아무것도 없었다. 특히 선배는 우리가 신축을 꿈꾸게 일깨워 주었고, 건축 전반을 돌보아 준 은인이었는데, 1년 건축 공사 기간 동안 우여곡절을 겪으면서도 끝까지 초연함과 책임감을 잃지 않았다.

많은 이들의 도움을 받았으니 나도 다른 사람에게 도움을 줄 수 있는 사람이 되고 싶었다. 어느덧 꿈에서나 그리던 나의 건물이 눈앞에 실재하게 되었고 세상이 '내 편'이라는 귀한 믿음도 얻게 되었다. 한 발 한 발 세상 속으로 들어가 내가 원하는 세상을 이루어 가리라 다짐하기도 했다. 특히 남편은 생전 처음 도전하는 건축 일을 나보다 더 시간과 인내, 끈기를 투자하면서 그 노고에 보답이라도 받듯 건물을 완성해 보였다. 진정한 건축가로 이름 붙여 주고 싶은 마음이 크다. 많은 분들의 수고로 말미암아 내 꿈의 보금자리, 어린이집 건물이 지어졌다.

나의 사랑 푸른 꿈동이들

소미가 새 학기 들어 계속 울자 다른 친구들까지 따라 우는 상황이 되었다.

"소미는 울고 있네? 왜 우는지 말해 주면 원장님이 도와줄 텐데 이야기해 줄 수 있어?"

세 돌이 갓 지난 그 시기의 아이들은 대부분 엄마와 떨어지는 것을 싫어한다. 분리불안이 오는 것이다. 소미도 마찬가지였다.

"엄마가 갔어."

"그랬구나. 소미야. 그래서 눈물이 이렇게나 많이 나오는 거야?"

"응!"

대답만 하고는 또 속수무책으로 울기 시작했다. 우느라 괜히 병까지 날까봐 이렇게도 저렇게도 달래 보려고 하지만 쉽게 달래지지가 않았다. 아이와 신뢰가 쌓일 때까지는 어느 정도 이런 시간을 보내야 하지만 어떻게 소통을 시작해야 할지 생각하면 막막하기는 마찬가지였다.

아이에게 밖으로 나갈까 물으니 나가고 싶은지 고개를 끄덕였다. 신발을 찾아 신는 동안은 울지 않다가도 다시 운동장으로 나가 주위를 둘러보기 시작하니 또 울기 시작했다. 아이의 손을 잡고 천천히 뒷산을 오르기로 했다.

"업어 줄까?"

"응!"

내가 등을 내미니까 얼른 업혀서 고개를 기댄다. '휴! 이제 됐다.'라고 생각하는 순간 소미는 다시 내려 달라며 울기 시작했다. 내 등이 엄마 등이 아니라서 우는 것이다.

"또 눈물이 나네?"

"응!"

"이렇게 울고 있으면 엄마가 기뻐하실까?"

소미의 손을 잡고 걸으면서 어떻게든 달래고 싶어 갖은 방법을 동원했다. 그런데 내가 말이 많아질수록 아이는 더 크게 울었다. 울음을 그치기는커녕 괜히 엄마 소리를 하니 더 엄마가 보고 싶어져서 더 크게 울기 시작하는 것이었다.

"미안, 미안! 엄마 생각이 더 많이 났구나?"

신학기에는 이런 풍경이 늘 있다. 이럴 때에는 나도 아이가 안쓰럽지만 2주 정도 서로 신뢰를 쌓다 보면 어느새 아이도 안심을 하게 되어 놀이를 시작한다. 소미는 스스로 여러 가지를 익히고 즐기면서 원에서 재미있게 생활을 했다. 아이가 처음 원에 가서 바로 적응을 못한다고 해서 조급해 할 이유는 없다. 아이는 적응을 시작하는 모습, 적응을 해가는 과정을 거친 후에 적응을 하게 되니 말이다. 적응해 가는 모습을 보면 귀엽고 안쓰럽기도 하다.

아이의 눈물을 또 다른 언어라고 생각하면 어느새 아이와 교사 사이에 신뢰가 쌓이게 된다. 그 어떤 일보다도 중요한 일이다. 차분히 아이의 울음에 섞인 언어를 해석하는 능력이 필요하다. 그래야 아이들의 신뢰를 받고 함께 놀아 줄 수 있으니까 말이다.

어느 날 친구를 때리는 수완이에게 난생 처음으로 소미가 다가가 말을 건내는 것이었다.

"왜 친구를 때려? 나쁜 거잖아."

또렷하고 앙증맞은 목소리로 소미의 첫 말문이 열리는 순간이었다. 지켜보던 나와 선생님들은 모두 웃음보를 터뜨렸다.

"소미가 말을 하네?"

친구들이 외쳤다. 수완이도 깜짝 놀라서 공격하던 행동을 멈추고 "친구야. 미안해."라고 말을 했다.

"선생님, 친구들끼리는 서로 사이좋게 지내야 해요."

소미의 천연덕스런 말이 그토록 기쁠 줄이야. 아이들은 다시 평화롭게 놀이를 시작했다. 소미의 첫 말문이 주는 기쁨은 '엄마가 아닌 또 다른 믿는 세상이 생겼어요.'라는 뜻으로 나를 행복하게 만들기에 충분했다.

가끔 내가 원장실에서 업무를 보고 있으면 담임선생님은 "송이와 건이는 원장님과 이야기 나누고 오세요!"라고 하면서 엄한 표정을 지어 보이고는 나를 향해 눈을 찡긋해 보인다.

"송이와 건이가 왔네? 무슨 일인지 누가 먼저 말해 줄까?"

"나는 가만히 앉아 있었는데, 송이가 먼저 발로 찼어요. 나도 아파서 때렸어요."

"아팠구나. 그래서 친구를 아프게 했다고? 이번에는 송이 이야기를 들어 볼까?"

"네, 건이가 내가 지나가는데 발을 걸어서 넘어지게 했어요. 그래서 내가 발로 안 아프게 찼는데, 건이가 일어나서 더 세게 나를 때렸어요. 아파서 눈물이 났어요."

"아하! 건이가 발을 일부러 걸은 줄 알았구나? 건이야 친구에게 해 줄 말이 있니?"

"아니에요, 나는 발을 안 걸었어요. 친구들이 하는 놀이를 보고 있는데, 송이가 내 발에 걸려 넘어진 거예요."

"송이야, 건이 말을 듣고 어떤 말을 해 주고 싶니?"

"건이야, 미안해"

"나도 세게 때려서 미안해."

서로 오해가 풀리니 그제야 둘은 마주 보고 웃기 시작했다.

"어머나! 원장님이 사과하라고 하지도 않았는데 스스로 사과를 하는 멋진 영리더들이 여기 있었네? 멋진 사람들이 다투니 담임선생님 마음이 어떠셨을까?"

"선생님께 잘못했다고 말씀 드릴래요. 멋진 영리더니까요."라며 둘은 씩 웃는다.

나와 친구가 된 아이들은 그때부터 원장실을 둘러보며 온갖 질문을 해댄다.

"이건 뭐예요?"

"저건 뭐예요?"

"원장님은 심심하게 왜 여기서 혼자 있어요?"

"맞아. 혼자 살아서 심심해. 그래서 가끔 너희들 반에 놀러가는 거야. 하지만 너희가 교실에서 놀이하듯이 원장님도 열심히 해야 할 일이 있단다."

아이들은 내 말에 더 알려고 하기 보다는 그저 고개를 끄덕일 뿐이다.

"아하! 그렇구나?"

아이들은 아무리 친구와 싸웠어도 금방 화해하고 다시 조잘거리며 이야기한다. 그 천진함과 선의가 부러울 때가 많다. 아이들은 나와 있는 것보다 교실로 가면 더 재미있는 놀이가 있다며 "다음에 또 올게요. 빠이빠이!"라는 말을 남기고 돌아갔다. 나는 아이들의 말 속에 담긴 의미를 안다.

'우리가 또다시 그런 실수를 해도 예뻐해 주실 거죠?'

'그럼, 얼마든지 너희의 그 예쁜 모습을 보여주렴. 그렇게 무럭무럭 자라는 거야.'

아이들은 무한한 가능성을 가진 존재로서 자신의 인생을 구축해 나간다. 어른은 스스로 자신만의 세상을 열어갈 수 있도록 정서적인 지지와 응원을 해 주면 된다. 그들은 스스로 자신의 문제를 멋지게 해결해 갈 수 있는 존재들이다. 나는 아이들을 격려하고 응원하는 방법을 새내기 원장 때부터 20여 년 동안 공부하며 보냈다.

교육자인 마리아 몬테소리Maria Montessori는 어린이를 무한한 잠재능력을 지닌 자유로운 존재이며, 인간은 내적 에너지에 의해 스스로 발전하는 능동적인 존재라고 보았다. 아이들을 인격체로 존중해 주는 것을 시작으로 교육은 출발한다. 오늘도 참된 교육자의 길이 무엇인지 생각하며 아이들에게 진실한 사랑과 믿음을 전해 주기 위해 노력한다.

어린이집 선생님

새 학기가 시작되고 한두 달 정도 지날 때쯤이면 심각한 얼굴을 한 채 원장실 문을 두드리는 교사가 있다.

"원장님, 드릴 말씀이 있어요."

"지금은 시간이 없고, 나는 내일 오후 5시 이후부터 괜찮아요."

"네, 그러면 제가 그 시간에 올게요."

교사가 나를 찾아올 때마다 덜컥 겁부터 났다. 그만둔다는 소리를 하려는 것인지 해서 머릿속이 복잡해지기 때문이다. 어린이집에서 가장 중요한 사람은 바로 교사다. 아마도 원을 직접 운영해 본 원장이라면 이런 문제를 겪으면서 얼마나 가슴 졸이게 되는지 말하지 않아도 알 것이다. 그래서 학기 중에 이직하는 교사가 없기를 늘 기도했다. 담임이 바뀌면 아이들은 다시 적응 기간을 겪어야 하기 때문에 여러모로 고충이 컸다. 그래서 평소에 교사들의 이야기에 귀를 기울이고 진실하게 대화를 하기 위해 노력했다. 실제로 교사들과의 친밀감은 내가 어린이집을 운영하는 데 가장 큰 힘이기도 했다. 교사뿐만 아니라 차량 운전을 담당해 주시는 실장님은 나와 20년을 함께 했고, 조리 선생님도 그러했다. 다음날 다시 나를 찾아온 교사와 이야기를 시작했다.

"원장님, 저는 교사 자질이 없는 것 같아요. 아이들은 사랑스럽지만 화도 많이 내고 그런 저를 컨트롤하는 것도 많이 지쳐요. 좋은 교사가 꼭 되고 싶었는데 실상 아이들을 만나면 제 마음대로 안 되네요. 원장님께도 죄송해요. 제 능력이 부족한 거 같아요."

아직 나이 서른도 채 안 된 교사가 말없이 흐느끼는 모습을 보니 나 또한 마음이 아팠다.

"내가 미안해요. 그렇게 힘든 줄 알았으면 조금이라도 도움이 되어 주었을 건데. 얼마나 힘들었을지 짐작이 가요."

"다른 교사들은 다 해내는 데 왜 저만 이럴까요?"

"다른 교사들도 선생님 모르게 다녀가요. 하지만 지금 선생님의 가장 큰 어려움이 무엇인지 그것을 함께 의논해 보고 싶네요."

"네, 재민이는 매일 친구들을 괴롭혀서 울리고, 소연이는 아침부터 계속 칭얼거리면서 놀지도 않아요. 제 뒤만 쫄쫄 쫓아 다녀요. 아이들을 온종일 쫓아다니다 보면 정작 저는 밥도 제대로 못 먹고 하루해가 다 가요. 저녁 일과를 마치면 이게 사는 건가 싶어서 눈물만 나요."

"그렇네요."

나도 교사의 이야기가 무엇인지 알기에 이야기가 깊어질수록 도울 방법을 찾아 나선다. 이런 고비를 넘기다 보면 교사들은 그 경험을 통해 자신만의 교육 철학을 세우게 되고, 아이들을 좀 더 이해할 수 있게 된다. 또한 아이와의 소통 능력을 기르면서 리더십도 키운다. 유아교육에 대한 가치부여를 하고 열정을 담기 시작하는 교사는 생기를 얻고 아이들 행동 하나하나에 의미를 두며 사명감을 갖게 된다.

나와 함께 15년 이상을 함께 근무하신 영 선생님이 있다. 가장 일찍 출근하여 아침 산보로 건강을 다진 다음 활기차게 아이들을 맞아 주셨다. 주임 선생님을 맡아 주었는데, 모든 선생님들을 맏언니처럼 포용하고 챙겼다. 평가인증을 하거나 어린이집 모니터링단이 오면 교사들은 본 업무 이외에 준비할 일이 많아지는데, 주임 선생님은 미처 준비를 다 못 끝낸 다른 교사들을 표시나지 않게 도와주었다. 또한 맛있는 것을 먹을 때도 빠지는 교사가 있으면 꼼꼼하게 챙겼다. 먹는 데 인심 난다는 속담처럼 교사들도 무척 고마워했다. 보조 인력까지 모두 챙기는 덕분에 어느 한 사람도 서운해 하는 일이 적었다. 솔선수범하여 어린이집 환경을 청결하게 했는데 원에 있는 화초는 모두 주임 선생님의 손에서 예쁘게 자랐다. 어쩌면 그렇게 많은 장점을 가지고 있는지 눈이 오는 날이면 넓은 어린이집 마당의 눈까지도 단숨에 치우기도 했다.

매주 수요일은 20분 일찍 출근하여 미덕카드 나눔을 하는데, 가장 일찍 출근하여 다른 교사들을 기다리는 사람도 늘 주임 선생님이었다. 4세 반 담임으로 아이들을 너무도 좋아하여 별명이 뽀뽀대장이었다. 특히 정리정돈을 탁월하게 잘해서 평가인증을 할 때면 그 능력이 빛을 발했다.

나는 창미 선생님이 처음 우리 어린이집에 입사했을 때를 잊지 못한다. 다른 어린이집에 근무할 기회도 버리고 굳이 우리 어린이집을 선택하여 한결같은 모습으로 17년 이상을 함께 해 주었다. 주임 선생님이 맏언니라면 창미 선생님은 맏언니를 믿고 받쳐 주면서 함께 어린이집의 기둥이 되었다. 4세 반을 언제나 안정되게 아이들을 이끄는 훌륭한 선생님이었다. 그래서 나는 학기초에 학부모들에게 담임선생님을 소개할 때마다 '나보다 더 아이를 지극히 사랑하는 교사'라고 소개했다. 늘 기도하면서 자신의 삶을 가꾸는 선생님은 한결 같은 교육관으로 동료 교사와 학부모들에게 신뢰를 한 몸에 받았다.

15년차 순임 선생님은 본인의 자녀가 어려서 아이를 데리고 근무를 시작한 선생님이다. 지금 그 아이들이 커서 교사가 되고 운동선수가 되었으니 나와 같이 근무한 기간을 짐작할 수 있을 것이다. 선생님은 성격이 아주 긍정적이고 쾌활했다. 늘 즐겁고 활기찬 분위기 속에서 5세 반을 이끄셨는데 특히 음악과 율동으로 아이들을 사로잡았다. 어린이집 행사에서 노래와 율동 부문을 도맡아 10년 넘게 운영했으니 음악에 대한 탁월함이 대단했다. 내 기분이 조금 안 좋아 보이면 언제나 상냥하고 활기찬 모습으로 "원장님! 파이팅!"이라며 나에게 힘을 줬는데 그로 인해 나도 다시 생기를 얻었다. 지금도 아이들을 위한 길이라면 팔 걷어붙이며 나서는 선생님의 열정이 아름답다.

어린이집 차량 운행을 총괄하여 맡아 주신 실장님과 내가 친밀하게 지내는 모습을 보면서 근처 상가 사람들은 "남편일까? 아니면 작은 아버지일까?"라며 내기를 걸었다고 했다. 이 이야기를 전해 듣고 실장님과 한참을 웃은 적이 있다. 우리는 그만큼 많은 일을 20년이라는 시간을 보내며 함께 했고, 어린이집 재정이나 운영 문제도 논의할 만큼 신뢰가 두터웠다. 나이가 나보다 열 살이 더 많으셨는데 아마 우리나라에서 '성실함 경연대회'가 열린다면 일등을 차지하시고도 남을 분이었다. 20년 동안 단 한 번의 지각이나 결근이 없을 만큼 성실하셨다. 아마 주임 선생님과 두 분이 겨루게 된다면 서로 뒤지지 않을 정도일 것이다. 만약 실장님이 어린이집에 안 계셨더라면 내 마음에 만족스러운 어린이집으로 성장할 수 없었을 것이다.

누가 나에게 부당한 항의를 하는 사람이 있다면 나보다 더 강력히 나의 대변자가 되어 주었고, 각종 행사를 앞두고는 여러 가지를 챙겨 주셨다. 아이들도 좋아하셔서 체험학습을 갈 때면 아이들의 가방을 일일이 들어 주시고 아픈 아이가 있으면 돌봐 주시기까지 하며 원으로 무사히 돌아오게 도와주셨다.

또한 김장철이 되면 배추를 쪼개어 절이는 일이 가장 힘들다면서 손수 배추 150포기를 다듬고 쪼개 주셨다. 폭설이나 태풍이 올 때 어린이집 시설을 돌면서 주인의식을 가지고 돌보아 주시던 모습이 아직도 생생하게 기억이 난다. 늘 내게 힘이 되어 주신 실장님에게 많은 은혜만 입고 헤어지게 되었지만 진심으로 감사한 마음을 전하고 싶다.

간식 선생님은 늘 활기찬 목소리로 "정말 아이들이 좋아요. 그래서 출근하는 거예요."라고 말하며 아이들과 반갑게 인사를 나누었다. 아침부터 아이들 오전 간식과 점심식사 준비를 하려면 무척 바쁘다. 그래서인지 부지런한 간식 선생님의 손가락 끝마디는 모두 굽었다. 20년 동안 나와 함께 일을 했는데 잠시 개인적인 일로 일 년을 휴직하신 것을 빼면 정말 오랜 시간 동안 어린이집을 지켜 주셨다. 부지런하셔서 퇴근 뒤에도 당근 농사를 지으셨는데 어둡기 전에 당근을 출하해야 한다면서 달려 나가던 모습이 지금도 기억이 난다.

아이들은 집에서 먹는 밥이 맛이 없다며 엄마에게 '어린이집 닭고기처럼 만들어 달라.', '어린이집에서는 김치도 맛있다.'라고 했다고 한다. 그 정도로 음식 솜씨가 좋으셨다. 형편이 어려우시면서도 집에 맛있는 옥수수나 고구마, 호박 등이 있으면 푸짐하게 싸가지고 오셔서 나누어 주셨다. 그럴 때마다 "엄마가 해 준 맛이다!"라며 교사들과 행복하게 먹었다.

선생님들은 내게 "원장님 방은 요술 방이에요. 너무 힘이 들어 그만두고 싶어서 하소연하러 들어갔다가도, 나올 때에는 위로받고 마음이 달라져서 나오게 되잖아요."라는 말을 시작으로 함께 양질의 교육을 위해 그 비법을 공부하고 나눈다. 보육교사의 업무는 과중하다. 오전 7시에 시작한 업무는 저녁 6시가 넘어서도 끝나지가 않아 일을 더하기 일쑤다. 그런데 근무 중에 아이들을 잘 보살피면 본전이요, 아이들이 다치거나 적응을 잘 못하고 떼를 쓰게 되면, 모두 교사의 탓으로 되돌아오니 교사의 스트레스가 말이 아닌 셈이다.

나는 교사들과 서로 믿고 그들의 위로가 되는 원장이 되고 싶었다. 그래서 평생을 공부했고 앞으로도 계속할 것이다. 소통과 상담에 대한 공부를 20년 동안 계속해 온 결과, 교사와 학부모의 문제, 유아 문제를 함께 해결해 갈 수 있는 유능한 원장으로 거듭날 수 있었다.

내가 교사들을 이해하고 존중하는 태도를 가지는 데 '버츄 프로젝트'는 큰 도움을 주었다. 미덕의 삶을 지향하면서 교사와 원장, 아이들까지 모두 버츄카드와 친하게 지내며 생활했다. 어린이집 선생님들은 매주 수욜 20분 일찍 출근하여 버츄 회의를 통해 자신의 삶을 성찰하는 시간을 보냈다.

'배려'는 세상을 조금 더 안전한 곳으로 만든다.
'예의'는 최고의 존중이다.
'사랑'은 작은 미소, 따뜻한 손길을 말한다. 사랑은 전염된다.
'용서'는 그 사람에게 다시 기회를 주는 일이다.
'초연'은 감정에 휘둘리지 않고 평온함을 유지하는 것이다.

버츄카드를 뽑고 서로 나누면서 버츄의 삶을 다짐하며 기분 좋은 하루를 시작할 수 있었다. 지금은 어린이집 모든 식구들이 뿔뿔이 흩어져 있지만, 모두의 가슴속에 의미 있는 한 사람 한 사람으로 서로 기억될 것을 믿는다. 그들은 내 삶 속에 용기가 되어 주었고, 함께한 시간들은 소중한 추억이 되었다. 유비에게 관우와 장비가 있었다면 내게는 선생님들이 있었다. 지금도 매일 그들이 보고 싶고 그립다.

진실함은 신뢰를 쌓는다

어린이집 전화벨 소리는 늘 울린다. 그만큼 어린이집 운영에 있어 가정과의 연계는 중요하다. 어떤 사람은 직업을 그만두고 싶으면 전화를 늦게 받으면 된다고 말한다. 더욱이 아이들의 등원부터 하원까지 통학버스가 운행되다 보니 어떨 때는 교육보다 안전 지도가 더 신경이 쓰이고 긴장된다. 그런데 아이들은 시시때때로 교사를 놀라게 한다. 예측을 불허하는 상황에 늘 대비하기 위해서는 교육밖에 없다.

7~8년 전쯤으로 기억한다. 어느 날 여섯 살 리아가 어린이집에서 2킬로미터나 떨어진 도로변에서 발견되어 되돌아 온 일이 있었다. 다행히 어느 졸업생 부모가 리아가 멘 어린이집 가방을

발견하고 전화를 준 것이었다. 생각만 해도 아찔한 사고였다. 손이 발이 되도록 학부모에게 용서를 빌었다. 핑계거리라도 찾고 싶었지만 정직이 재산이라는 것을 기억한다. 아이가 나간 사실조차 몰랐다는 것도 어린이집의 문제였으니 부모님에게 사실대로 말을 했고, 아연실색한 나머지 무섭도록 화를 내셨다. 리아가 무사한 것에 감사하며 이후 이런 사고가 발생하지 않도록 어린이집 대문과 울타리를 더욱 안전하게 만드는 계기가 되었다.

100명이 넘는 원아가 있는 어린이집에서 받는 전화는 그 횟수를 셀 수가 없다. 각 가정에서는 한 통화 전화라고 해도 받다 보면 어린이집은 전화 담당 인원을 정해 놓아야 하는 사태가 벌어진다. 지금도 어딘가에서 어린이집 키폰과 같은 소리가 울리면, 나는 무의식적으로 주위를 둘러 소리 나는 곳을 찾게 되고 달려가서 받고 싶은 충동이 든다.

가정마다 전해 오는 전화 내용은 사소하지만 아이의 하루 생활을 이해할 수 있는 중요한 단서를 주기도 하고 부모님의 가정 상황을 이해할 수 있기도 하다.

"우리 아이가 화장실에 가서 늦게 나와서 아침 통학버스를 못 타게 되었어요. 기다리셨지요? 원장님?"이라며 친절히 상황 설명을 해 주는 분도 있다.

"어떻게 통학 버스가 5분을 못 기다려 줘요? 너무하네요. 다른 어린이집은 기다려 주는데." 라고 이야기하는 부모도 있고 "아이가 어린이집에 가지 않으려고 해요. 관심 좀 부탁드립니다."라며 아이의 상황을 표현하는 부모도 있다.

일 년에 서너 번 있는 소풍이 아이들에게 평생 즐거운 기억으로 남았으면 하는 바람이 있다. 그런데 직장에 다니거나 각종 사정으로 아이와 함께 동행하지 못하는 부모도 물론 있게 된다. 그래서 원장은 각 가정을 품고 그 안에서 최선을 다하며 학부모의 마음속 선의를 읽어내는 능력이 좋아야 한다. 그러니 짜증스러운 말투의 학부모를 만났다 하더라도 무조건 속단하여 속상해 할 필요는 없다. 아이가 어린이집에 안 가려고 해서 걱정인 엄마는 아이가 어린이집에 즐겁게 잘 다니기를 바라는 마음이라는 그 한 가지만 기억하면 된다.

아이가 어린이집을 가지 않으려는 원인이 교사와의 문제인지, 친구 관계 문제인지, 건강상의 문제인지, 가족 문제인지 등 교육 전문가로서 올바른 파악을 해야 한다. 현장학습도 마찬가지로 견학을 가는 날이 하필이면 회사 일이 많을 때일 수 있다. 그러면 부모는 양쪽 다 제대로 신경 쓸 수 없으니 마음이 더 힘들어진다. 그럴 때는 교사와 이야기하면 얼마든지 심적으로 편안해질 수 있다. 말 한 마디로 천 냥 빚을 갚는다 하지 않았나.

어린이집을 운영하며 학부모들과 여러 문제를 해결하다 보니 어느새 신뢰를 쌓게 되었다. 해를 거듭할수록 그 신뢰는 속도가 붙기 시작했다. 학부모들도 달라지기 시작했고, 원에서 진행하는 각종 행사에 기대를 걸고 적극적으로 참여했다.

나와 남편은 댄스 스포츠를 배웠었는데 아이들 학예회에서 부모 참여로 직접 부부 댄스 스포츠단을 결성해서 이색적인 행사를 시도했었다. 교사와 학부모 부부가 자원해서 연습하고 발표했던 그 과정을 지금도 잊지 못하고 있다. 어른들끼리는 만나면 할 말이 많지 않은가. 댄스 연습을 하면서 시간 내에 도착을 못하겠다며 배우자를 애 태우며 기다리는 모습, 부부가 서로 흉을 보며 한바탕 웃음을 지었던 그때였다.

연습을 하며 일상의 스트레스를 날려버릴 만큼 박장대소를 하면서 웃는 날이 많았다. 실제 공연이 끝난 뒤 아쉬움이 컸을 만큼 정말 좋은 추억이 되었다. 이러한 경험은 부모들과의 소통을 원활하게 했고, 서로에 대한 이해도 깊어지게 했다.

어린이집에서 어떤 문제가 발생하면 누구의 잘못인가를 따지는 일은 뒤로 하고 어떻게 하면 문제를 잘 해결할 수 있을지 함께 고민하게 되었다. 정말 고마운 분들이다. 나 역시 미숙함이 있는 원장이었을 텐데 아이들의 행복을 목표로 함께 노력해 주신 덕분에 어린이집은 지역 내에서 큰 명성을 얻게 되었다. 원아 모집 시기가 되면 쉽게 알 수 있을 정도였다.

어린이집은 매년 11월에 모집을 시작하는데, 뚜껑을 열기도 전에 이미 대기자들이 모여들었다. 부도를 맞은 지 7년 차가 되자 이미 빚도 거의 갚을 수 있었고, 아이들이 줄을 서서 대기하는 곳으로까지 성장할 수 있었다. 입학 대기생이 있는 어린이집은 그림의 떡인 줄로만 알았는데 어느새 꿈 같은 일이 일어났다. 하루하루를 그저 최선을 다해 달려왔을 뿐인데 그것이 쌓이고 보니 기적 같은 일이 된 것이다.

대기 인원이 늘어나니 자신의 아이만 넣어 주면 안 되는지 부탁을 하는 부모들이 늘어 갔다. 원칙을 세우고 그것을 지키는 원장이 되어야만 했다. 아이가 소중할수록 반드시 반 정원은 지켜야 했고, 모두에게 공평한 기회가 주어져야 하기 때문에 입학 제도를 선착순에서 추첨 제도로 바꾸었다. 이 기적은 모두 학부모들의 적극적인 이해와 협조가 있었기 때문에 가능했다.

학부모 참여 행사를 할 때면 참여율이 95퍼센트 이상이었다. 공개 수업, 학부모 상담, 운동회, 부모 참여 수업, 부모 교육 등 연중 부모님들의 참여 행사가 여러 번 있었는데, 부모가 서로 번갈아 참여하거나 함께 오는 경우도 늘어났다. 행사를 해도 부모님이 오지 않아서 걱정이라는 동료 원장님의 말을 듣고 깜짝 놀란 적이 있다. 그 순간 나는 부모님들의 적극적인 참여와 협조가 어린이집의 전통을 만들어 가고 있다는 사실을 깨닫고 감사한 마음이 들었다.

부모 참여 행사를 마치고 나면 아이들의 자신감도 부쩍 자라 있는 것을 볼 수 있다. 부모와 함께 있는 자체가 즐겁고 행복하기도 하고 그 과정에서 배우는 것도 있기 때문일 것이다. 일 년에 3~4회씩 시행하는 부모님 참여 행사에 적극적으로 참여하는 부모님들 덕분으로 아이들은 “나는 매일 멋진 영리더입니다!”라는 선언을 하면서 졸업을 맞이한다. 부모님들은 대견하게 큰 내 아이 모습을 보면서 흡족한 마음으로 친지와 이웃에게 어린이집 홍보대사가 되어 주셨다.

정기 상담은 일 년에 2회 실시했는데, 꼭 부부가 함께 오는 경우도 늘었다. 아이들에 대한 고민도 털어 놓으시고 아이들이 그려 놓은 가족화도 보면서 아이의 심리 상태를 이해하는 기회도 되었다. 상담의 초점은 아이들의 가정생활과 원 생활을 어떻게 도울까에 맞춰져 있다. 아버지들 중에는 3년을 상담에 참여하신 상담 마니아들이 많았다. 대학원 시절 상담을 공부한 것이 도움이 되어서 가족 상담을 통해 각 가정의 어려움을 파악하여 도울 수 있는 점이 좋았다.

감성 능력 키우기, 부모 발달 단계, 하브루타, 버츄 등 어느 하나 중요하지 않은 것이 없다. 그러는 중 감격스러운 일들이 생겼다. 어느새 어린이집 상담에서 도움을 받은 아버지들이 원 홍보대사가 되어 자연스럽게 원아모집을 돕고 있었다. 신입 원서 추천인 란에는 재원 중인 부모의 이름이 눈에 띄기 시작했고, 운동회에 참여한 조부모님께서도 어린이집을 적극적으로 추천해 주셨다. 온 세상을 얻은 듯 기뻤다.

'매일 멋진 어린이집으로 거듭나리라.'

학부모들의 영향력은 파도를 탄 듯 계속되었다. 나는 그저 교사들과 하나가 되어 아이들과 학부모에게 진정성 있게 다가가려고 노력했을 뿐이었다.

나는 혼자의 힘으로 무엇을 해낼 수 있는 그런 존재가 아니다. 세상은 결코 내게 많은 것을 요구하지 않는다. 그저 지금 여기서 내가 할 수 있는 작은 일을 묵묵히 시작하는 것을 응원해 준다. 그것이 세상을 더 좋게 변화시키는 선한 일일 때, 세상은 나도 모르게 응원 부대를 동원하여 힘차게 응원해 준다는 사실을 깨달았다.

추첨제로 원아를 뽑게 되다

정원 11명의 어린이집을 시작할 때 친정어머니에게 다짐하듯 "안성 최고의 어린이집을 만들 거야."라며 이야기했다. 그 당시는 믿기 어려운 말이라도 누군가에게 말이라도 해 놓으면 미래에 그 모습을 이룰 때 증명할 수 있을까 하는 기대를 했다. 그런데 사실 그야말로 허무맹랑한 선언이었다. 매해 11월이 되면 본격적인 원아 모집 시기가 된다. 물론 입학을 희망하는 원아는 그 전부터 이름만 받아 적어 놓은 상태이다. 그러나 본격적인 원아 모집 시기에는 어린이집에 대한 소개를 전반적으로 한다. 학부모에게 어린이집을 소개하고 원훈에 깃든 의미를 설명한다. 그 첫 번째가 '건강한 어린이'다.

아이들은 건강한 신체를 발달시킬 수 있도록 영양이 골고루 섭취되어야 하고 수면과 신체놀이로 기본적 욕구를 충족해야 한다. 신체 발달과 건강은 인지 발달에도 도움을 주기 때문에 건강이 우선이다.

아이가 정서적으로 안정이 되어 있고, 교사를 신뢰할 수 있으며 어린이집 생활이 즐겁다고 여길 수 있도록 돕는 것이 최우선 목표다. 어린 시절에 부정적인 정서를 경험하거나 반복하게 되면 정서적으로 불안함을 얻게 된다.

두 번째는 '지혜로운 어린이'다. 건강하고 행복한 마음 상태인 아이는 자연스럽게 지혜를 키워 나갈 수 있다. 항상 아이들의 기분을 살펴야 한다. 기분 상태에 따라 얼마든지 쉴 수 있음을 알려준다. 아이들에 대한 최소한의 존중이라고 생각한다. 아이들이 놀이터에서 놀면서 "선생님 이거 해도 돼요?"라고 묻는 것은 동의를 구하는 것이 아니다. 단지 자신의 놀이에 관심을 갖고 인정해 달라는 신호다. 아이의 의사를 존중하고 허용할 수 있는 만큼 허용해 주면 어느새 아이는 창의성과 주도성을 기를 수 있게 된다. 마음껏 자신만의 에너지를 발산하고 나면 신기하게도 아이들은 교육의 효과가 더 나타난다.

외부 손님들이 어린이집을 찾을 때면 늘 아이들의 모습이 밝고 명랑하다고 칭찬한다. 아이들은 자신의 기분까지 알아 주는 교사를 신뢰하고, 걱정 없이 안심하며 놀 수 있다. 그러니 밝고 명랑하게 자라는 것이 아닐까. 나는 아이들에게 학습을 시키는 것보다 당장 눈에 보이지 않는 결과라 하더라도 그것에 더 치중하는 편이다.

일화를 소개하면 오늘 아침 민수네 부모님이 부부 싸움을 했다는 소식을 알게 되면 그날은 더욱 민수의 정서를 지지한다. 교사들은 그날 민수를 더 안아 주고, 좋아한다고 말해 주는 등 응원을 아끼지 않는 것이다. 민수는 여러 선생님들의 관심과 사랑을 받으며 온종일 즐겁게 논다. 단합은 혼자 노력할 때보다 효과가 몇 배는 더 빠르고 좋다. 만약 가족 중 누군가 입원을 해서 혼자 있거나 동생까지 돌봐야 하는 아이가 있다면 같은 방법으로 모든 선생님이 노력한다. 이런 마음이 내가 운영하는 푸른 꿈 어린이집의 전통이었다.

내게는 어린이집을 운영하는 나만의 운영 철학이 있다. 그것은 행복한 부모와 교사가 행복한 아이를 만들 수 있다는 신념이다. 간혹 학부모의 요구에 "아이들이 많아서 세부적인 건의는 들어 드릴 수 없습니다."라며 전화를 끊는 교사도 있다. 아마 말로 시간을 끌다가 서로 기분만 나쁜 채 마무리되었을 것이다. 교사의 입장도 있지만 학부모도 아이가 원에서 기분 나빴던 것을 이야기하면 기분이 좋지 않을 것이다. 교사는 전문가이기 때문에 부모가 원하는 것이 무엇인지 알아들을 필요가 있다. 원에서 부모 교육을 하고 싶어도 맞벌이 가정이 많아서 자주 소집하는 것이 어렵다. 그러나 신입 가정은 의무 교육이 있어 부모 중 한 명은 꼭 참석해야 한다. 부부 중 한 명이 참석하여 교육을 듣고 나면 꼭 "배우자도 들었으면 좋겠어요. 다음에 꼭 기회를 주세요." 라고 말한다.

어린이집 교육의 핵심은 서로 존중해 주고 존중받는 교사와 학부모, 아이를 만드는 데 있다. 나는 교사들 교육을 자주 하는 원장으로 소문이 났는데 물론 시간을 따로 맞춰야 해서 어려운 점도 있었지만 모든 선생님들이 더 배우고 소통하기 위해 언제나 노력했다. 부모와 선생님, 아이가 서로 일체되어 있으니 그것이 곧 우리 어린이집의 강점이 되었다.

"원장님의 성공 비결은 부모 교육인 것 같아요. 열정을 부모 교육에 쏟으셨지요?"라고 동료 원장들이 물어보는 데 맞는 말이다. 나이가 어릴수록 부모의 영향을 고스란히 받는다. 어린이집을 운영하고 있는 원장이라면 아이들의 교육 효과의 첫 단추가 바로 부모 교육이라는 점을 강조하고 싶다.

개원 뒤 10년이 되자 어느새 입학 정원보다 대기 인원이 두세 배가 되어서 경쟁이 생겼다. 깜짝 놀라서 허둥지둥 주임 선생님과 깜짝 회의를 했고, 엄마들은 모여서 경쟁이 시작되었다. 공평하게 하는 것이 무엇보다 중요했기 때문에 접수순으로 추첨을 하게 되었고, 나머지 인원은 대기 번호를 받았다.

그 이듬해는 하루 동안 선착순 입학 원서를 받았는데 어린이집 앞에 장사진이 펼쳐졌다. 그 방법도 바꿔야 해서 입학 추첨 제도를 시행하게 되었다. 내가 운영하는 곳이 특별한 교육을 하는 것도 아니고, 시설이 뛰어난 것도 아니었다. 그런데 학부모들이 서로 오고 싶다고 줄을 서고 있다니 정말 감개무량했다. 보이지 않는 교육이 보이는 교육보다 중요하다는 것을 학부모들도 이미 알고 있었던 것이다.

나는 추첨으로 아이들을 받는 명문 어린이집 원장이 되었다. 엄마와의 호언장담이 현실이 된 순간이었다. 한없이 기뻤다. 가족들의 칭찬은 나를 더욱 하늘로 날아오르게 했다.

"네가 최고의 어린이집을 만든다고 하더니 정말 해냈구나. 장하다 내 딸!"

부모님은 진정 어린 따뜻한 눈빛으로 내 손을 꼭 잡아 주셨다. 남편은 "당신이니까 해낼 수 있었던 거요. 아무나 할 수 있는 일이 아니오. 축하해요."라며 나의 눈시울을 적셨고 아이들도 함께 기뻐했다. 나는 아이들에게 미안한 일이 많은 엄마다. 그러나 소신껏 열심히 살다 보니 교육자로서 스스로 부끄럽지 않은 날이 내게 온 순간이었다.

공부로 기적을 일으키다

부모 상담을 성공적으로 진행하던 내게 또 다른 꿈이 생기기 시작했다. 바로 부모와 자녀의 소통을 원활하게 돕는 '소통의 달인'이 되고 싶었다. 부모와 아이, 특히 부부의 소통을 돕고 싶었는데, 어린이집에서의 아이의 문제 행동도 결국에는 부모의 문제가 해결되면 저절로 해결되는 일이 많았다. 서울에 있는 '지역사회교육협의회 대화법' 강사 과정에 지원해서 일 년 동안 공부를 시작했다.

지역사회 교육회관은 올림픽 공원 몽촌토성 역 앞에 위치해 있었는데 안성에서 서울을 오가며 일주일에 2회 교육을 받는 고된 과정이었다. 아침에 교육을 듣기 시작하면 밤이 늦어야 끝이 났지만 목표를 가지고 꾸준히 정진할 수 있었다. 바로 그 공부가 오늘날 사람을 사랑하고 돕는 일을 할 수 있는 기초를 마련해 주었다.

소통의 달인이 되기 위해 도전한 프로그램이 있었는데 바로 '청소년을 위한 성공하는 이들의 7가지 습관' 프로그램으로 총 4주 과정이었다. 그 과정을 수료하고 등단 PT 과정을 통과해야 강사 자격이 부여되었다. 말 그대로 청소년 '7-habbits' 강사로 등단하기 위한 관문이었다.

등단 PT 발표 장소는 종로 부근의 어느 연구소였다. 대학에 다니는 아들의 도움을 받아 밤새워 연습을 했는데도 자신이 없어서 포기하기로 마음을 먹었었다. 수준 높은 지식을 갖고 있는 분들이 많았기에 나는 미리부터 기가 죽어 있었다. 가족들은 그동안 내가 기울인 노력을 잘 안다고 하면서 발표 장소까지 함께 가주겠다고 했다. 남편과 아들에게 떠밀려 발표장에 도착했는데 막내아들이 "엄마! 내가 시간 들여서 엄마 연습하는 거 도와주고, 여기까지 따라와서 응원도 하는데 용기를 내야지!"라고 이야기하는 것이었다. 정말 순식간에 내가 왜 떨고 있는지도 모를 정도로 정신이 들었다. 하지만 몇 가지 수정 사항을 받아 2차 발표를 다시 해야 하는 결과를 받았고, 1차 때의 경험으로 떨지 않고 자신감 있게 준비하게 되었다. 물론 2차 발표에서 합격했다. 아마도 나를 응원해 준 가족이 없었다면 합격은 애당초 어려웠을 것이다.

나는 가족의 응원 덕에 청소년을 위한 '7-habbits' 지도자 자격을 얻었다. 이 과정으로 나는 내 삶을 주도적으로 이끌 수 있는 선장이 되었고, 다른 사람과 나를 스스로 비교하지 않는 진정한 내면의 목소리에 귀 기울일 수 있었다. 그 이후로도 감정 조절 법, 자아 찾기 등 20년 동안 쉬지 않고 공부했다.

요즈음의 가장 관심 있는 공부는 기타 치기, 탁구 치기, 글 쓰기, 마음 공부 등에 있다. 그중에 가장 큰 공부는 사람 공부였다. 늘 변화하는 사람들 속에 나도 변화하고 성장하는데, 어떻게 그 사람들을 이해하면서 평화롭게 살아갈 수 있을까? 배움에는 끝이 없다. 배움은 그래서 즐거운 일이다. 나는 언제나 배움의 길을 걷고 또 걸으면서 새로운 기적을 맛볼 준비가 되어 있다.

문제를 해결하는 감성 능력

어린이집을 운영하다 보면 돈이 필요한 상황이 생긴다. 큰돈이 필요할 때는 건물에 관련된 비용이 들 때다. 이유 없이 천장에서 물이 새거나 빙축 에어컨 시설이 고장이 나거나 건물 내 하수관에 문제가 생기거나 빗물이 새어 건물 외벽을 보수해야 하는 일 등 고쳐야 할 것이 한두 개가 아니다. 비축한 돈이 있다면 문제가 되지 않지만, 민간 어린이집인지라 여유가 크게 있을 리가 없다.

공사를 하게 될 때마다 그 대금은 나누어 지불하거나 내 월급에서 급한 대로 돌려쓰거나, 은행에서 대출을 받는다. 나는 어린이집에 들어가는 돈은 아이들을 위해서라도 절대 미루거나 아끼지 않는다. 아이들은 이곳을 졸업하면 초등학교에 입학한다. 그 세상으로 한 발짝 내딛는 발걸음을 이어주는 역할이 바로 어린이집인 셈이다. 당장의 눈앞의 문제만 볼 것이 아니라 아이들의 미래까지 내다볼 일인 것이다. 그 만큼 이 시기는 중요한 발달을 이루어 가는 시기이기 때문에 성장 발달에 도움을 줄 수 있는 역할을 해야 한다. 만약 회계 수지가 맞지 않아 경영자 월급조차 나오지 않는다면 더 이상 막연하게 좋아질 것이라는 기대는 접고 쉬는 것이 나을 수도 있다.

'교육자로서의 사명이 경제적 부담을 이길 수 있는가?'라는 질문을 스스로 해 보고 그럴 자신이 없다면 어린이집 운영을 중단할 줄 아는 자세도 필요하다. 나 자신은 물론 아이들에게도 미안한 일이 될 수도 있음을 기억해야 한다. 하지만 자신의 사명감에 충실한 사람을 세상은 알아보고 화답해 준다. 결코 그들을 외면만 하는 세상이 아니다.

어린이집 원장이라면 세상에 날아다니는 돈 중에 어린이집을 위한 돈이 내게 맡겨졌음에 감사하면서 세상을 유익하게 변화시키겠다는 사명감으로 살아야 한다. 어려운 상황에서도 최소한 자신의 선한 양심을 지키면서 말이다.

어린이집을 운영하다 보면 많은 감정적인 대립의 상황을 겪는다. 운동회를 할 때 가장 기억나는 일이 있다. 만국기가 펄럭이는 학교 운동장에서 점심을 먹기 전 오전 경기의 하이라이트인 '오재미로 박 터뜨리기'를 할 즈음이었다. 어떤 동네 아저씨가 소리를 지르면서 다짜고짜 "원장 나와!"라며 찾아왔다.

"무슨 일로 오셨어요?"

"원장 나오라니까, 안 나와? 내가 가만 놔두지 않겠어!"

내가 원장이라고 그분께 다가서니 다짜고짜 내 멱살을 잡으면서 "네가 원장이면 다야! 당장 운동회를 그만두지 않으면 가만히 있지 않겠어!"라며 입에 담지도 못할 욕설과 거친 행동을 했다. 다행이 주변 사람들이 나를 가로막아 서면서 말렸고, 그분이 왜 화가 났는지 들을 수 있었다.

밤에 야근을 하고 잠을 자려는데, 지난주부터 오늘까지 내내 운동장에서 들려오는 스피커 소리로 잠을 편하게 잘 수 없다는 것이었다. 피곤한 상태로 다시 일을 나가면 사고가 날 수도 있고 일을 제대로 할 수가 없다고 했다. 마이크 볼륨을 줄이겠다고 했지만 그것마저 믿지 못하겠다고 하면서 당장 끄라고 성화였다. 그동안 쌓아둔 화가 그날 터져 버린 것이었다. 간신히 진정을 시키고 학부모들의 동의를 구하고 점심시간 이후의 행사를 축소하여 행사를 급하게 마무리했다. 그러나 이벤트를 준비한 업체에서는 이런 일은 늘 있는 일이라며 허가를 받고 하는 일이라 법적으로 크게 문제될 일은 없다고 했다. 그러나 그 한 사람의 분노가 다수가 될 수 있다는 생각에 서둘러 마무리했다.

어느 날, 원장실 창문 밖으로 몇 대의 차가 어린이집으로 들어오는 것이 보였다. 학부모들이 한꺼번에 내 방 문을 두드리며 평소 같지 않은 안색으로 나를 불렀다.

"원장님, 성폭행이 있었다는 사실을 아시나요?"

"어디에서요?"

"어린이집에서지 어디서겠어요? 원장님을 믿었는데 정말 너무하네요. 어떻게 책임지실래요?"

그 즈음에 뉴스로 보도되는 어린이집 성폭행 사건으로 세상이 발칵 뒤집혔을 때다. 나도 너무 놀란 마음이었지만 어떻게 된 것인지 자초지종을 들어보니 놀이터에서 실장님이 여자아이를 안아 주셨는데 치마 속으로 손을 넣었다는 것이었다. 5세 누구도 보았고, 7세 누구도 보았다고 아이들이 말을 해서 찾아왔다는 것이다. 학부모와 나는 있을 수 없는 일이라며 소리를 쳤고, 즉시 실장님을 불렀다.

우리 어린이집에 그 당시 15년을 함께 해 오신 실장님이었다. 그 상황을 설명해 보실 것을 말씀드리니 아이가 넘어져 울고 있어서 잠시 안아 준 것은 인정했지만 사실이 아니라는 것이었다. 담임선생님이 놀이터에 있었고, 다른 선생님 한 분이 더 계셨다고 말하자 학부모들은 그 어떤 일에도 실장님은 아이가 울어도 안아 주지 말라며 면박을 주었다. 실장님에게 함부로 대하는 학부모들에게 화가 났지만 우선 흥분한 마음을 가라앉히는 것이 우선이었다.

"어머님, 이야기를 듣고 많이 놀라고 걱정되셨겠어요. 걱정을 끼쳐 죄송합니다. 그러나 저는 어린이들을 교사 없는 곳에 두는 것을 두려워하는 원장입니다. 그런 일은 있을 수 없습니다. 아직 미숙한 나이이기에 표현력에도 한계가 있고, 실장님께서도 아이들을 많이 사랑하고 귀여워하셔서 아이들이 실장님을 오히려 따릅니다. 어제 울던 아이를 안아 주신 것은 사실이니 이제부터는 원하시는 대로 울거나 넘어져도 절대 실장님이 안아 주지 않겠습니다. 궁금하신 것은 이렇게 확인하는 것이 매우 중요합니다. 아이들이 부모님의 말에 '응'이라고 대답했다고 했어도 사실과 다른 경우가 있습니다. 잘 헤아려 판단해 주세요."

내 말을 들은 학부모들은 뒷머리를 긁으며 이제는 안심이 된다며 집으로 돌아갔다. 만약 그때 일방적으로 누구의 편만 들었다면 불안감은 더 커졌을 것이다. 서로의 말을 들어주고 공감해 주며 그 입장을 헤아리는 것이 문제 해결의 지름길임을 깨달았다.

다른 사람이 화를 낸다고 덩달아 같이 화를 내거나 부정적인 언행을 하는 사람은 아이들에게 악영향을 끼친다. 감정은 누구에게나 찾아오는 마음의 신호다. 감정을 조절하지 못하고 화를 내는 사람에게 같이 화를 낸다면 부모와 교사로서 어리석은 일일 것이다.

부모와 교사는 정서적으로 안정이 되고 자신의 감정을 잘 조절할 수 있는 능력을 기르기 위해 애써야 하며, 그 능력은 아이들에게 삶으로 전해 줄 값진 선물이 된다. 그 능력을 E.Q 또는 감성 능력이라고 한다. 자신의 감정을 돌보고 조절하는 감성 능력을 갖추기 전에 단순히 직업으로만 시작한다면 수많은 문제를 해결해 가는 과정이 험난할 수 있다. 어린이집 문을 두드리기 전에 감정 전문가가 먼저 되어 보면 어떨까? 오늘도 감정 조절에 대한 강의와 공부를 놓지 않는 이유다.

지역사회와 더불어 성장하다

9개월 만에 대지 400평, 건평 160평의 멋진 어린이집이 완공되었다. 이 기쁨을 이웃들과 나누기 위해 집들이를 준비했다. 어린이집은 뒤쪽에는 비봉산이 자리 잡고, 앞으로는 배밭이 있어서 사시사철 자연과 함께 할 수 있었다.

가장 기뻐해 준 사람들은 가족이었다. 친정 부모님은 눈물까지 보이시며 감격하셨고, 건축을 할 때 다친 머리를 만지며 스톤헤드라며 농담도 오갔다. 60여 명의 원장들이 연합 회원이었는데 거의 절반 이상은 찾아 오셔서 축하해 주었다. 시청에서도 담당 공무원이 나와 축하해 주었다. 꿈인지 생시인지 구별이 되지 않고 흥분되었다. 모두가 자신의 기쁨인 것처럼 축하해 주니 더

할 나위 없이 행복했다.

시루떡을 해서 제일 먼저 돌린 곳은 이웃집이었다. 이웃은 볼링장을 운영하는 부부가 있는 옆집과 뒤쪽의 여섯 가구가 사는 연립주택 한 채가 있었다. 볼링장을 운영 중인 부부는 오전에만 잠깐 집에 있고 센터를 운영하느라 밤늦게야 귀가를 했다. 사모님은 늘 남편을 '옆지기'라고 불렀는데 그 모습이 무척 인상적이었다. 남편은 시낭송을 즐기는 분위기 있는 분이셨는데 15킬로미터나 되는 일터까지 늘 걸어 다닌다고 했다. 나중에 들어 안 일이지만 공기 오염을 줄이고 운동까지 할 수 있어 굳이 차를 소지하지 않기로 하셨단다.

뒷집 연립에는 여섯 가구가 살고 있었는데 거의 직장인들이 사는지 저녁에나 얼굴을 볼 수 있었다. 모두 일곱 개의 기념품과 함께 떡을 돌려 드리면서 아이들 소리가 조금 시끄러울 수 있는데 이해를 구한다는 말도 잊지 않았다. 그때부터 일 년에 두 번, 명절에는 꼭 작은 선물이라도 들고 가 신고식을 했다. 어린이집에서 나는 소리가 시끄러울 수도 있는데 한 번도 항의를 하지 않으신 고마운 분들이다.

"아이들 소리가 음악소리 같아요. 활기가 느껴져요."라고 말하며 내가 어린이집을 편안하게 운영할 수 있도록 도와주셨다.

동네 노인정은 어버이날에 찾아뵈었다. 어버이날에 음식을 손수 만들어 드리고 싶지만, 약식으로 과일과 떡을 마련해서 가져다 드렸다.

“뭐 이런 걸 가져 오냐, 안 가져 와도 된다.”라며 말씀하시면서도 얼마나 반가워하시는지 그 미소가 고마웠다. 어르신들은 가끔 나와 만나게 되면 요즘 운영은 잘 되는지 등 안부를 물어봐 주셨다. 격려까지 해 주실 때는 내 마음에 날개까지 달려지는 게 느껴졌다. 그 분들의 사랑이 크다는 것을 발견하게 되었다.

어린이집에서 50미터 떨어진 곳에 주유소와 카센터가 있다. 주유소 사장님은 “우리 가게를 이용해 주니 내가 선물을 주어야 하지.”라며 이사 신고식을 하는 나를 웃으며 맞이해 주셨다. 카센터 사장님께도 서로 잘 부탁한다는 말과 함께 환영 인사를 나누었다. 그 두 분은 훗날에 어린이집에서 가장 중요하다고 할 수 있는 운행에 대한 여러 가지 편의와 도움을 주신 분들이다. 주유소 사장님은 어린이집의 사정에 맞게 월말 결산을 도와주셨고, 시청에서 요구하는 서류를 친절하게 잘 만들어 주셨다. 그리고 늘 따뜻한 커피를 주시곤 했다.

어린이집 차량은 단 하루도 쉼 없이 달리는 명마가 되어야 한다. 하루라도 고장이 나게 되면 차량을 대체하기가 정말 어려웠다. 그 사정을 헤아려 도와주신 분이 바로 카센타 사장님이셨다. 주말이고 주중이고 우리 차에 이상이 있을 때에는 최우선으로 먼저 손을 보아 주셨다. 밤이고 낮이고 구분하지 않으셨다. 한 겨울 차가 얼어 시동이 걸리지 않을 때도 달려와 주셨고, 작은 사고가 나서 거리에 서 있는 우리 차를 견인해서 고쳐 주셨다. 더불어 바쁘신 선생님들의 차까지도 사장님께 부탁하면 친절하게 고쳐 주셨다.

그분에게 크게 배운 점이 많았다. 조용하고 침착하시면서 늘 사람의 말을 경청해 주셨다. 그리고 늘 긍정적으로 말을 하셨다. 나중에 다른 이로부터 들은 사실인데 안성 지역에 차량 수리 부문에 일인자이시란다. '아하! 벼가 익을수록 고개를 숙인다고 하더니 저분을 두고 하는 말이구나. 실력이 있으면 저렇게 여유가 있는 모습을 할 수 있구나!'라고 생각하며 그분의 이웃에 대한 배려와 사랑을 닮고 싶다는 생각을 했다.

이 마을에서 다시 집을 짓고 시작했으니 오랫동안 함께 어울려 살아가야 했다. 인상도 좋으시고 인정도 있어 보이는 이웃들이 계셔서 참 좋았다. 산등성이에 있는 배밭 아저씨에게 아이들이 산보를 갈 때마다 인사를 했다.

"큰사람 되겠습니다."

"아이쿠, 예뻐라. 고맙다. 조심해!"

지나갈 때마다 인사를 잘한다면서 아이들을 반겨 주셨다. 배를 따는 철이면 상품 가치가 조금 떨어진 배를 몇 상자씩 아이들 간식으로 가져다 주셨다. 그 배 맛은 우리가 돈을 주고 사서 먹는 맛보다 열 배가 달았다.

아이들은 산책을 하며 이웃들과 만나면서 자신과 어울려 지내는 세상의 모습을 마음으로 담았을 것이다. 아이들의 교육을 하는 중에 배우는 사람은 아이들뿐만이 아니다. 함께하는 선생님들도 자신의 존재를 깨달아 간다. 지역사회의 주인공은 곧 나 자신임을 인식하게 되고 그 공동체 안에 자신이 없어서는 안 될 중요한 존재임을 깨닫게 된다.

Chapter 4

더 큰 꿈을 품다

세상을 변화시키는 위대한 힘

어린이집 원장으로 바쁘게 사는 동안 가족들에게 내 빈자리는 그만큼 커져만 갔다. 그래서 남편과 아들들에게 보상이라도 하듯이 가정이 따뜻한 보금자리가 되도록 다시 일구고 싶었다. 그 시기는 내가 소통 강사가 되어 어린이집을 자주 비우던 시기와 맞물려 있었다. 어쩌면 앞만 보면서 달렸던 나에게 스스로 쉴 시간을 주고 싶었던 것인지도 모른다. 그래서 어린이집을 잠시 쉬면서 안식년을 보내기로 했다.

버츄프로젝트사의 김영경 대표는 운길산 자락에 아름다운 한옥을 가꾸며 산다. 그는 내게 '세상을 변화시키는 집'에 대한 이야기를 들려주었다.

'세상을 변화시키고 싶은 사람은 작고 오래된 집이라도 자신의 집을 최선을 다해 가꿔라. 작고 오래된 집이라도 최선을 다해 아끼고 가꾸면, 그 정성이 겉으로 드러나고, 겉으로 드러나면 아름다워지고, 아름다워지면 남을 감동시키고, 남을 감동시키면 언젠가 세상에 알려지게 되고, 세상에 알려지면 세상의 아름다움에 기여하게 된다. 그러니 아무리 작고 오래된 집이라 할지라도 최선을 다해 자신의 집을 아름답게 가꾸는 사람은 그를 통해 세상을 변화시키는 것이다.'

《세상을 변화시키는 집》 중에서

마음 깊은 감동이 전해지는 글이었다. 이 글을 읽으며 정돈되어 있지 않은 우리 집이 떠올라 괜히 얼굴이 화끈거렸다. 가족들 모습이 눈앞에 떠오르자 나 자신에게 약속이라도 하듯이 글에 대한 답글을 적기 시작했다.

'작고 오래된 집이라도 자신의 집을 최선을 다해 아름답게 가꾸는 사람은 그를 통해 세상을 아름답게 하는 사람이다는 말씀을 마음에 담고 갑니다. 저도 우리 집을 아름답게 가꾸는 사람, 세상을 변화시키는 사람이 되겠습니다.'

겨우 몇 문장 적었을 뿐인데 어느새 기분까지 좋아졌다. 우선 가족이 들어오고 싶고 개인적인 공간이 있어 존중받는 집으로 꾸미기로 결심했다. 아이들과 남편 앞에서 선언도 해 보았다.

"지금부터 정돈되고 아름다운 우리 집을 만들 테니 기대해 보세요."

물론 아무도 귀담아 듣지 않은 것 같았다. 오히려 의문을 품는 것 같았다.

"내 별명이 꿈 탱크인 것을 기억하지요? 마음먹으면 무엇이든 못하겠어요?"

혜민 스님은 멈추면 비로소 보이는 것이 있다고 말했다. 남편과 바다가 전창으로 보이는 숙소를 찾아 아무 일도 하지 않고 고요히 머물러 보니 너무나 선명하게 떠오르는 그림이 있었다. '아름다운 우리 집에서 가족들과 함께 밥을 먹고 즐겁게 지내는 모습'이었다. 평범하지만 지금 이 순간 내가 애타게 소망하는 것임을 알아차릴 수 있었다.

이 평범한 행복에 대한 소망은 나만의 소망이 아닐 것이다. 우리 가족들 모두의 소망일 것이다. 아이들이 어렸을 때는 내가 바빠서 함께 하지 못했고, 아이들이 커서도 따뜻한 밥 대신 주로 외식을 했다. 지나고 보니 너무 미안했다. 그것이 왜 그렇게 내 마음에 가시처럼 걸려 있는 이유는 무엇일까?

친정어머니는 언제든지 따뜻한 밥상이 나왔고 늘 자식들을 두 팔 벌려 반겨 주셨다. 나도 엄마와 같이 살고 싶었다. 큰아들은 이제 삼십대다. 아이들 나이가 무슨 상관인가 싶으니 어린이집을 열정적으로 운영한 것처럼, 지금부터 새로운 20년은 '아름다운 우리 집' 만들기에 심혈을 기울이고 싶었다.

마음 정리를 위해 잠시 일상을 떠나 멈추어 서니 가야할 길이 보였다. 어린이집 일을 마무리 하고 시간적으로 여유를 갖는 삶을 선택하기로 했다. 지금까지의 보람되고 영광스러웠던 일들은 가족들의 이해와 희생으로 얻어진 값진 결실이었으니 이제 조금씩 보답하는 시간을 갖기로 했다.

2018년 1월, 내 인생에 커다란 전환점이 생겼다. 잘 운영되던 어린이집 원장을 내려놓고 내가 지금 진정 원하는 것이 무엇인지 되돌아보게 되었다. 어린이집을 그만둔 지 한 달이 채 안 되었을 때 친정어머니는 "네가 웬일로 종일 나와 시간을 보내니? 참 좋다!"라고 말씀하셨다. 그동안 시간이 없다며 이리저리 뛰어다니기 바빴지 부모님과 시간을 보내지 못한 게 죄송했다.

어린이집 일을 그만두고 9개월이 지난 어느 날이었다. 마쳐야 할 과제가 있어서 밥은 나가서 먹고 싶다고 하니 남편은 흔쾌히 허락을 했다. 그날도 우리 부부가 편안하게 찾는 식당에 갔다.

"당신에게 고마워. 집에 있으니 맛있는 밥 먹을 수 있어서 좋아. 살림하느라 수고가 많아."

"맛있게 먹어주는 사람이 있으니 고맙지요."라고 대답하면서 나는 남편에게 내심 놀랐다. 나는 요리를 잘하는 아내가 아니었다. 그래서 요리를 잘하는 게 소원일 정도였다. 바빠서 요리할 시간이 없어서 주로 외식을 했고, 그마저도 집에서 먹을 때는 고기를 구워 먹는다던지 김치찌개를 먹었다. 가족들은 내 요리 솜씨를 기대하지 않았고 나조차도 내가 끓인 된장찌개 맛에 실망하곤 했다. 그런데 어린이집 일을 그만둔 지 9개월 만에 남편이 내 요리가 맛있다며 칭찬을 해 주니 기분이 좋았다. 요즘 생활이 흡족하다고 말하는 그에게 "어린이집을 운영하는 동안 밥을 제대로 못해줘서 미안했어요. 당신에게 요리를 잘한다고 칭찬 들으니 정말 좋아요. 고마워요."

"아니야. 그동안 당신은 최선을 다했잖아요. 내게 고마울 게 뭐가 있나? 허허!"

우리는 기분 좋게 저녁을 먹었다. 늦은 시기란 없다. 지금 출발하면 된다. 나이 60세에 시작하는 '아름다운 우리 집'을 매일 하나씩 더 좋게 바꾸기 시작했다. 그래서 우리 집에 오는 사람들이 편안했으면 좋겠다.

다시 도전하는 꿈

오전 9시에 도서관에서 강의 준비를 하고 있었는데 전화벨이 울렸다. 아침부터 걸려오는 전화에 놀라 밖으로 뛰어나와서 전화를 받았다. 막내아들은 "엄마, 책을 읽었는데요. 자신의 삶을 이야기로 써야겠다고 안달이 났을 때 꼭 써야 한대요. 어느 청년이 식당 개업 성공기를 세상에 전하고 싶어 안달이 났을 때 글을 써서 베스트셀러가 된 이야기가 있어요. 읽으면서 엄마 생각이 나서 전화했어요. 엄마도 그때를 맞이하신 것 같아요."

아들의 목소리는 천사가 들려주는 응원가처럼 내 안의 울컥한 감동을 주었다. 내 마음을 알아주는 아들이 무척 고마웠다. 그 당시 아무것도 정해지지는 않았지만 몇 가지 고민을 가족들과 나누었었다. 어린이집 일과 강의를 병행하기 힘들다는 것과 내 삶의 이야기를 글로 꼭 써보고 싶다는 바람을 비치기도 했다. 막연한 꿈이었으니 자신감 없이 말했을 것인데 아들은 내 속마음까지 알아차린 것 같았다. 아들의 전화 한 통이 새 길을 꿈꾸는 불안감을 덜어 주었다.

20년을 운영하던 어린이집을 언제 어떻게 마무리해야 하는지는 그 어디에도 나와 있지 않았다. 나는 내가 그동안 이룬 어린이집의 모범적인 사례들을 전통화시켜 다음 원장과 교사들에게 계승해 주고 싶다는 생각을 했다. 어린이집 운영은 해마다 원아 모집을 하고 또 다음해가 되면 새 식구를 맞이한다. 그러나 아쉽게도 국가는 내가 운영하는 어린이집 프로그램이나 운영을 마칠 때 아이들을 보호할 수 있는 프로그램을 가동하지 않는다. 젊음을 다 바쳐 집중했던 일이었는데 막상 마무리를 생각하니 머리가 복잡해졌다. '누군가 나 대신 해준다고 하면 얼마나 좋을까.'라며 혼잣말도 해보았다. 어린이집 교사나 아이들을 생각하면 도저히 그만둘 심정이 아니었지만 스스로 자문해 볼 필요가 있었다.

'내가 원하는 것이 무엇인가?'

'진정 어린이집을 마치기를 원하는가?'

'마치는 이유는 무엇일까?'

'언제, 어떻게 마무리를 해야 할까?'

'어린이집을 다른 사람에게 양도한다면 어느 정도의 금액이 적당할까?'

여러 가지 질문을 던지고 대답을 했다. 나는 마무리를 원하고 있었다. 그 이유는 나의 삶의 균형을 되찾고 일하는 시간을 줄여서 여가를 즐기고 싶은 마음이 더 컸다. 더욱이 나의 보금자리 '아름다운 우리 집'을 만들기 위해서라면 말이다.

어린이집을 2017년 안으로 정리하는 것으로 계획을 세웠다. 가족과 함께 매매 최저 금액도 정하고 인수인계를 어떻게 할지도 생각했다. 조건은 현재 근무하고 있는 교사들이 학기를 마무리할 동안 계속 근무하는 조건과 내가 전통으로 이어가는 인성교육 프로그램을 진행해 주는 곳으로 정했다.

어려운 일이 있을 때나 새로운 일을 시작할 때 나 자신에게 질문을 하는 습관을 가지게 되었다. 그럴 때마다 다른 이에게 얻는 조언보다 더 진실하고 나만을 위한 좋은 답을 얻게 되는 경험을 했다. 아마도 질문에는 나만의 진실한 답이 들어 있기 때문인 것 같다.

어린이집을 인계하는 결론이 나왔으니 사람을 찾아야 했다. 중개인들에게 도움을 요청했고 얼마 뒤 문의가 오기 시작했다. 그때가 12월 초였는데 새 학기부터는 내가 운영하지 않을 수도 있다고 생각하니 괜히 마음이 조급해졌다. 조건에 맞는 사람이면 좋겠다는 기대로 약속을 정했는데 신기하게도 개인적인 사정으로 약속을 미루는 사람, 오다가 갑자기 사정이 생겨 돌아가는 사람, 갑자기 다른 매물이 있어 그곳을 먼저 본 후 계약했다는 사람 등 많은 경우의 수가 존재했다. 애가 타는 사람은 중개인들이었다. 오다가 방향을 틀고 약속 시간에 갑자기 취소가 되고 하니 말이다. 그도 그럴 것이 어린이집 규모가 대지 400평 건평이 160평이나 되니 크다면 큰 규모였다. 주말의 일정을 잡지 못하고 기다리다가 약속이 취소되면 실망도 되고 서운하기도 했을 것이다.

나 역시 이런 일은 난생 처음 겪는 새로운 경험이었다. 그러나 뭐든지 주인은 따로 있는 법이었다. 그동안 약속을 하고 미루고 개인 사정을 이야기하며 중개인들을 애 태우던 사람들 대신 새로운 사람이 나타난 것이다. 민간어린이집 운영 경력이 있는 분이었는데 우리 어린이집 환경을 보고는 매우 만족해 했다. 특히 남편 분은 뒷산이 가까운 점과 집 앞에 위치한 배밭을 보고는 더욱 기뻐했다. 부부의 인품도 안정되고 좋아 보였다. 우리 어린이집을 잘 운영할 수 있는 푸근함이 보이는 분들이었다.

특히 대도시에서 오신 분들이라서 가격이 대만족이었던 것 같다. 다른 곳에도 가 보았지만 우리 어린이집이 마음에 든다면서 곧 연락을 준다는 말과 함께 돌아갔다. 중개인은 이때부터 중개료 이야기를 살짝 꺼내기 시작했다. 거래액의 2퍼센트란다. 계산해 보니 큰 금액이었다. 부당하다는 생각이 들었지만 아직 거래 전이니 거론할 필요도 없었다. 드디어 마지막에 왔던 그 부부가 중개인과 함께 계약을 체결하기를 원했다. 거래액을 편법으로 하면 세금을 줄일 수 있는 방법이 있다고 귀띔을 해 준 사람도 있었지만, 나는 한마디로 거절했다. 편법을 사용하면 지금은 유익할 수 있으나 후에 이 문제가 생기면 다시 이 일로 시간을 낭비하게 될 것이기 때문이다. 그것은 귀한 미래의 시간과 에너지를 저당 잡히는 일이다.

나는 정직함이 얼마나 큰 힘을 지녔는지 알고 있다. 매수인도 같은 생각을 해서 좋았다. 그러나 잠깐 동안이지만 부부가 잠시 망설이는 듯한 느낌을 받았다. 나는 그 순간 내가 얼마나 이 거래가 성사되기를 원하는지 알 수 있었고, 나도 모르는 사이에 5,000만 원을 더 깎아줄 테니 거래를 마무리하자고 제안을 하고 있었다. 경험이 없는 내가 그 상황을 이해하지 못하여 아무 이유 없이 깎아준 셈이 되었다. 곁에 있던 아들은 두고두고 나를 놀렸다. 계약 직전에 매수인이 깎아 달라고 하지도 않았는데 먼저 깎아 준다고 자청하는 사람도 있다면서 말이다. 어린이집을 운영하면서 또다시 사람들과 거래를 시작하는 것은 내게는 어려운 일이었다. 어찌 됐든 어린이집의 매매가 성사되었고 거래는 종료되었다. 한 달 후 잔금을 치르고 새 학기부터는 새로운 원장님이 이끌기로 했다. 그동안 기회를 엿보았으나 구체적인 결심을 한 지 한 달 만에 이루어진 일이었다.

새로 인수한 원장님에게는 그저 나의 열정이 담긴 이 어린이집을 잘 운영해 달라는 부탁이 전부였다. 그리고 기존에 선생님들은 고용 승계하기로 했다. 한번 떠나기로 결정을 하니 인계하는 일이 일사천리로 진행되었다. 실감이 나지 않았다. 오랜 기간을 함께 했던 교직원들과 헤어지는 일이 가장 큰 아픔이었다. 다행히 교사들은 내 결정을 받아들여 주었고, 학부모들도 나를 이해해 주었다.

"어쩌면 원장님이 그럴 수 있어요? 우리를 두고 가실 줄은 정말 몰랐어요."라며 항의하는 학부모도 있었다. 정말 미안한 마음뿐이었다. 나이 60세를 맞이하면서 또 다른 꿈이 생겼고 그 꿈을 위해 어린이집을 마무리할 계획을 세웠다는 것을 모두가 이해하면서도 몹시 서운해 했다.

아이들에게 송별 인사를 하니 "우리 이제 못 만나는 거예요?"라며 나에게 물어보는데 눈물이 왈칵 쏟아지는 것이었다.

"아니, 사람은 만날 때가 있으면 헤어질 때도 있지. 지금은 원장님과 헤어질 때를 맞이한 건데, 또 언제 만날지 몰라. 항상 너희를 사랑해. 언제 어디서나 미덕으로 빛나는 멋진 영리더가 꼭 되렴. 선생님이 너희를 항상 응원할게."

내 나이 60세를 맞이하면서 결혼과 함께 시작되었던 제2의 인생을 마무리하고 이제 제3의 인생을 향해 출발하게 되었다. 다시 풋내가 나는 삶이 시작된 것이다. 지금도 이렇게 작가로서 도전하고 있으니 말이다. 더욱이 '아름다운 우리 집' 가정주부의 삶에도 도전장을 내밀었다. 여가를 즐기기 위한 부부 탁구와 기타 치기에도 한발을 디뎠다. 이 모든 것이 풋내가 풀풀 나지만 시작이 반이라고 했다. 시작을 했으니 벌써 반이나 간 것과 마찬가지다. 이 시간도 언젠가는 무르익을 것을 바라면서 오늘도 용기와 끈기로 한 걸음씩 나아간다.

원장이라는 이름이 준 선물

남편은 정년퇴임을 하고 나면 어린이집 차량 운행을 맡아서 하겠다고 말했다. 그러면서 대형 면허도 미리 준비해 놓을 만큼 적극적이었다. 나도 남편이 일자리가 생겨서 좋았고 운전 매너가 좋은 남편이 운행을 맡아 주면 더할 나위 없이 안심이 될 것 같았다. 그러나 남편은 차량 운전대를 잡아 보지도 못한 채 아쉬움을 남겨야 했다. 내가 어린이집을 그만두기로 결정한 이유는 소통 강사로서 일이 많아지다 보니 정작 어린이집에는 신경을 못 쓸 때가 많았기 때문이다. 두 가지 일을 병행하다 보니 항상 허둥대며 살고 있었다. 그 당시 나는 소통 강사로서 강의하는 일과 어린이집 운영을 하느라 바빴다.

"원장님! 같이 놀아요."

"원장님이 바빠서 미안해요. 다음에 놀아 줄게. 사랑해!"

아이들과 복도에서 만날 때마다 같이 놀자며 보채는 일을 참 좋아했다. 아이들과 동화책을 읽으면서 웃고, 함께 악기를 두드리며 때로는 아이들만의 그 다정함이 나를 위로해 주었다. 그런데 내 아이들에게 가장 많이 했던 '바빠서 미안하다'는 말을 어느 순간부터 아이들에게도 내뱉고 있었다.

어제도 미안했는데 오늘도 미안해야 한다면 앞으로는 미안하지 않도록 해야 한다. 어린이집을 운영하는 동안 단 한 번도 이 일을 언제쯤 어떻게 마칠지 생각해 본 적이 없었다. 그런데 내 양심이 내 생각보다 먼저 움직인 것이다.

"여보, 아이를 사랑하는 초심이 약해지면 그만두기로 약속해요."

어린이집을 시작할 때 남편이 내게 다짐을 받았던 말이다. 23년을 달려온 이 삶에 변화가 필요한 시기가 찾아왔음을 직감할 수 있었다. 모든 사람이 이렇게 느닷없이 변화의 시기를 맞이하는 것일까? 나는 또 나만의 질문법을 활용해서 계속 질문을 이어나갔다. 그 질문의 끝은 상담, 소통 리더십 분야에서 선한 영향력을 끼치고 싶다는 대답으로 돌아왔다. 스스로 답을 찾자마자 세상에 다시 원장이라는 직함을 돌려주고 새 일을 시작하기로 한 것이다. 이 소식은 많은 사람들에게 놀라운 소식이었다. 친정어머니는 "그렇게도 열심히 뛰어다니더니 어디가 아픈 것이 틀림이 없다."라며 미리 눈물 지으셨고, 탁구 동호회에서는 '어린이집에 무슨 사고가 있어 그만두게 된 것은 아닌가?'라며 미리 짐작하기도 했다. 나를 아끼시는 어떤 분은 다 알고 있다는 듯이 어깨를 두드려 주면서 "괜찮아, 다 좋아질 거야."라며 응원을 아끼지 않으셨다. 그리고 주위의 동료 원장님들은 "정말 시기적으로 잘했다."라며 새로운 출발에 함께 기뻐해 주었다.

나는 23년 동안 정말 하고 싶은 일을 하며 살아왔고 행복했다. 이제 인생 3막을 시작하면서 다시 삶의 균형을 재정비하고, 그동안 준비해 온 자전적 글쓰기를 마무리하는 것과 소통 리더십 연구와 강의를 위해 새롭게 살고 싶다.

23년이란 세월 동안 원장이란 이름을 등에 지고 살았다. 그 짐은 가벼울 때도 있었고 무거울 때도 있었다. 내 인생에서 아이들을 떠나는 일은 상상도 못한 채 살아왔다. 그런데 세월은 벌써 흘러 눈 깜박할 새 여기까지 나를 데려다 주었다. 평생 아이들을 사랑하면서 그들의 행복한 삶을 돕는 일을 해왔으니 앞으로도 물론 그 분야와 관련된 일을 할 것이다.

부모 교육을 통해서 부모가 좀 더 행복해지면 아이도 행복해질 수 있는 가능성이 커진다. 또한 교사의 전문성과 행복을 돕는 교육을 한다면 아이들에게도 좋은 영향을 끼칠 수 있다. 나는 현장을 떠나지만 오히려 더 적극적으로 아이들을 돕는 일을 해 나갈 것이다. 그들을 돕는 일은 인류의 미래를 발전시키는 일이라고 믿는다.

어린이집을 떠났어도 내가 또 다른 꿈을 꿀 수 있는 것은 원장이라는 이름이 내게 준 선물이었다. 그리고 그 꿈을 향하고 있기에 오늘도 행복하다. 내일은 그 꿈 곁에서 또 다른 꿈이 피어오를 것이니 말이다. 나는 원장이라는 이름을 통해 성장할 수 있었고 아이들의 행복한 미래를 돕는 일을 한다는 것이 스스로 기뻤다. 교육자는 결과가 당장 눈에 보이지 않는 일을 하는 사람이다. 그러나 어느 순간이 되면 결과가 꽃봉오리가 열리듯 활짝 핀다. 아이들과 함께 하면서 아이들의 미래가 내 손 안에 달려 있다는 사명감이 나를 늘 긴장하게 했다.

인생 제3막을 시작하다

저녁을 먹고 난 뒤, 남편의 정년까지 출근 날짜를 세어 보았다. 세어 보니 20일이 남았다. 남편은 34년을 학교로 출근을 했으니 그 허전함이 나보다 더 클 것 같았다.

"맛있는 점심을 주니까 나오라고 할 때까지 출근을 해야지."

농담 반 진담 반으로 이야기하는 남편도 출근길이 부담스러운 눈치다.

"은퇴 20일을 앞두고 출근하는 기분이 어떠신지요?"

"똑같지 뭐. 그런데 참 그렇기도 해요. 당신은 어린이집 인수인계 기간이 짧아서 좋았을 것 같네."

그 기분이 이해가 간다. 나는 인수인계가 한 달여 만에 순식간에 이루어졌고 바람같이 이사를 했기 때문에 공허함이 덜했다. 그런데 남편은 나이 60세를 넘어서도 정해진 정년을 향해 몇 년을 더 기다려야 했으니 마음의 유혹도 많았을 것이다.

"그래도 학생들에게 해주고 싶은 진정한 수업을 하는 기회라 여기면서 살고 있어요. 이제는 베테랑이 되었는지 아이들의 속마음도 읽을 수 있으니 더 수업이 재미있고 아이들도 더 귀엽게 보여요."

보람을 찾는 그에게서 진정한 교육자의 모습이 보였다. 어느새 우리 부부는 정년을 이야기하는 인생을 맞이했다.

어느덧 원장직을 그만둔 지도 일 년이 되었다. 사람들은 일을 그만두고 6개월이 지나면 다시 일이 그립고 후회가 되기도 한다고 하는데 나는 그럴 새가 없었다. 오히려 어린이집에 있을 때보다 가벼운 마음으로 강의에 전념할 수 있어서 좋았다. 주로 내가 하는 일은 의사소통에 관련된 강의와 인성 교육 부분이었다. 이제 소통 강사라는 이름만으로 불리니 명함도 바꾸어야 했다. 20년 동안 붙어 다니던 '원장님'이란 직함이 명함에서 지워지니 명함에 구멍이 뚫린 것처럼 보였다. 하지만 퇴직 후 강의를 하면서 원장으로 일할 때의 경험이 많은 도움이 되었다. 할 수 있는 이야기가 많아진 것이다. 어린이집 아이들 이야기나 부모들의 사례 이야기를 할 때는 어느새 그 시절로 돌아가 신이 나 있는 나를 발견했다.

칼 로저스Carl Rogers는 '인간은 자신에 대한 최고 전문가', '경험은 나에게 있어서 최고의 권위다.'라고 말했다. 그동안 교사와 아이, 그리고 학부모와 함께 했던 순간들이 모두 소중한 경험들이었음을 고백한다. 오늘의 나의 권위는 과거의 내 경험들의 선물인 것이다. 그러므로 좋은 경험이든 안 좋은 경험이든 이를 바탕으로 오늘을 살아가게 되는 힘이다. 경험이 곧 나인 것이다. 선물이 되어 준 '과거의 나'에게 감사를 전한다. 그리고 내일의 과거가 될 오늘을 또 열심히 산다.

제임스 앨런James Allen은 자신의 저서 《생각의 법칙》에서 '사람은 자신이 외부 환경의 산물이라고 믿고 있는 동안에는 그 환경에 시달린다. 그러나 자신이 바로 창조적인 힘이며, 보이지 않는 마음밭과 자기 존재의 씨앗을 마음대로 관리할 수 있다는 것과 그 씨앗에서 외부 환경이 자라난다는 것을 확실히 깨닫게 되면, 자신을 올바르게 이끄는 진정한 주인이 된다.'라고 말했다.

우리는 생각에서 비롯된 환경을 만들고 있을 때가 많다. 은퇴 뒤 새로운 삶을 꾸려가는 것은 온전히 우리 자신에게 달려 있다는 메시지다. 우리 스스로가 존재의 씨앗을 마음대로 관리할 수 있다는 사실과 함께 그 씨앗으로부터 외부 환경이 달라진다는 것을 기억해야 한다.

하버드 대학의 윌리엄 새들러William Sadler는 《서드에이지, 마흔 이후 30년》라는 책에서 40세 이후 79세 이전까지의 제3의 인생 단계를 '서드 에이지Third Age'라고 명명하면서 '6가지 삶의 원칙'을 제안했다.

첫째, 중년의 자신의 정체성을 재확립한다.

둘째, 일과 여가활동의 조화를 이룬다.

셋째, 용감하게 현실을 살되 변함없는 긍정성을 지닌다.

넷째, 자신과 타인에 대한 배려를 잊지 말아야 한다.

다섯째, 진지한 성찰과 과감한 실행의 조화를 이룬다.

여섯째, 자신만의 자유와 타인과의 친밀한 관계를 조화를 이루어 산다.

세계보건기구는 65세가 아직 젊다고 선언했고, 국제연합은 이미 2015년에 연대기, 사회적 역할의 변화, 역량의 변화를 고려해 인간 생애주기의 새로운 연령 기준을 정의했다. UN의 정의에 따르면 '0~17세 미성년자, 18~65세 청년, 66~79세 중년, 80~90세 노년, 100세 이상은 장수 노인'이다. '노인'의 정의나 기준 연령은 나라별로 다르지만, 내가 맞이한 60대 초반의 나이는 더 이상 노년이 아닌 청년기로 여전히 활기차게 살 수 있다는 뜻이었다.

우리 부부도 비슷한 시기에 퇴직을 했고 인생 3막에 도전해 볼 좋은 기회를 맞이했다. 나만의 인생길을 자축하면서 내 인생의 수레를 '서드 에이지 삶의 원칙'을 기억하며 관리해 나갈 것이다. 장수 인생길에서 의존 수명을 줄이기 위한 책임감으로 남편과 나는 탁구와 걷기를 즐긴다.

남편의 정년을 맞이해서 우리 부부는 '정년 기념 부부 한 달 살기 여행'을 계획했다. 결혼 초 여러 가지로 부딪혔던 우리는 삶을 ME 피정(세계적인 가톨릭 부부 일치 운동)을 통해서 많은 위로를 받았다. 다행히도 지금까지 서로를 의지하며 잘 살고 있다. 이 여행을 통해 남편과 나는 우리의 삶을 재정비하고 앞으로 어떻게 삶을 살아갈지 진지하게 고민하는 시간을 보냈다.

나는 여행을 계획할 때부터 밥 짓는 일은 하지 않겠다고 선언했다. 남편도 나와 같은 의견이었다. 생각해 보면 젊을 때는 싸우는 일도 있었지만 어느새 삶의 연륜이 쌓이니 서로 문제를 절충하고 화합하는 사이가 되었다.

이번 여행도 내가 계획했다. 커다란 전창을 통해서 바다를 바라볼 수 있고 파도소리가 들리는 통영의 작은 펜션 마을을 에어비앤비를 통해서 예약했다. 남편과 나는 버킷리스트도 적어 보고 서로 나누면서 인생 제3막을 시작하기로 했다(제1막 인생은 부모님이 키워주신 시절, 제2막은 결혼하여 가정을 꾸리고 어린이집 원장으로서의 삶, 제3막은 아이들이 독립하고 남편과 내가 자아통합을 이루는 때). 또한 그동안 바쁘다는 핑계로 거절해 왔던 남편의 소원도 이루어 주기로 했다.

남편은 낚시를 좋아했는데 남편이 낚시로 물고기를 잡아오면 내가 요리하여 함께 먹는 걸 특히 좋아했다. 시간적 여유가 있으니 해줄 수 있어서 나도 좋았다. 남편이 콧노래로 낚시 도구를 정비하는 모습은 이미 바닷가 낚시터에서 고기를 낚는 어부의 기분임을 느낄 수 있었다. 나도 이미 작가가 되어 파도소리를 들으며 글을 쓰고 있으니 미래의 나에 취해 있는 기분이었다.

사람이 하고 싶은 일을 꿈꾸고 기대하며 사는 일이 얼마나 신나는 삶일까? 인생에서 가장 행복하고 긴 여행이었던 통영에서 한 달 살기를 꿈같이 지내고 돌아왔다. 한 달 살기를 해 보니 바닷가 2주 살기도 도전해 보고 싶어서 남편과 약속을 했다.

통영은 결혼 뒤 7년을 살았던 고장이다. 이번 여행에서 그 시절 우리의 흔적을 찾아다닐 수 있었다. 아이들이 태어난 봉평동 13평 주공 아파트는 아직 그 자리에 있었다. 이미 낡아 있었지만 나의 신혼생활을 책임져 준 소중한 보금자리였기 때문에 고향에 온 듯 정겨웠다. 남편의 첫 직장인 고등학교를 찾아 교정을 둘러보고 농구도 하며 마침 우리를 찾아 내려온 아들과 함께 시간을 보냈다.

남편은 그 당시 자율학습으로 밤 11시까지 근무를 했는데 적응이 어려웠다고 말했다. 특히 서울에서 경상도로 오니 말씨가 무뚝뚝한 것이 우리에게 상처가 된 일들이 여러 번 있었다. 아무렇지도 않게 "차 빼라!"고 소리치면 나를 공격할 것 같은 두려움에 눈물이 찔끔 났다. 웃음소리도 커서 깜짝 놀란 일도 한두 번이 아니었다. 남편과 나는 그 당시 어렵고 힘들었던 이야기를 나누다가 서로 약속이라도 한 듯 서로에게 미안하다며 안타까워했다.

"내가 알았더라면 도와주었을 텐데, 미안해요."

"당신이 그런 어려운 처지인 줄 알았더라면 덜 미워했을 텐데, 미안해요."

내게 신혼생활은 깨가 쏟아지는 시간이 아니었다. 그러나 지금 생각해 보면 미안한 점이 더 많았고, 내 자신이 미숙했던 시절이었다. 과거의 삶을 떠올리면서 서로의 마음을 이야기하고 들어주는 자리가 자연스럽게 마련되어 마음의 치유가 일어났다.

"당신! 볼락이라는 말만 들어도 싫다고 했지? 내가 낚시하는 것을 그리도 싫어하더니, 지금은 어때요?"

"정말 싫었어요. 스물다섯에 결혼해서 아이까지 키우느라 정말 힘들었는데 그것도 몰라 주고 시간이 날 때마다 낚시만 다니는 당신이 미웠죠. 그때 잡아온 뽈락어는 다 미워했으니까요."

"정말 미안해요. 나도 아이 키우는 일이 그렇게 어려운 줄 몰랐어요. 그 당시 학교생활이 얼마나 어려웠는지 주말에는 휴식이 필요하다는 생각만 했어요. 안 그러면 죽을 것 같았으니까요."

내가 힘들었던 것만큼 남편도 어려웠던 시기가 있었다는 것을 이해하는 순간 어느새 과거의 '미운 당신'은 어디로 가고 잘 견디어 준 '고마운 당신'만 내 마음속에 자리 잡았다. 남편이 진심으로 용서가 되었고 내 마음의 상처도 치유가 되었다. 추억 여행은 과거의 의미를 새롭게 자리매김하게 해 주는 선물이다. 행복여행, 치유여행을 마친 우리는 인생 제3막을 향한 꿈의 날개를 활짝 펴고 출발선에 섰다.

공부해서 남 주자

대학에 가고 싶었지만 가지 못했다. 고등학생 시절 부모님을 도와서 동생들의 학비를 대겠다는 생각으로 졸업 후 곧바로 취직할 수 있는 상업고등학교로 진학했다. 하지만 '마음씨 좋은 선생님'이 되고 싶은 꿈은 늘 가슴속에 남아 있었다. 현실에서는 그 꿈을 이룰 수 없을 것 같아서 포기하려고 해도 오히려 더 생각이 나고 아쉬움만 커졌다. 삶이 무미건조하게 느껴졌고 꿈도 없이 사는 것이 싫었다. 직장생활을 하면서도 틈만 나면 어떻게 하면 대학에 진학하여 좋은 선생님이 될 수 있을까 생각했다. 내 나이 20대에는 교육부에서는 인정하지 않았지만 유아교육 양성원이라는 명칭의 교육원이 있었다. 정식 유치원 교사 자격을 부여받는 곳은 아니었지만 교회 부설 선교원에 지원할 수 있는 교사 자격을 주는 기관이었다. 이어서 어린이 선교 신학교에서 2년을 다시 유아교육을 공부했다. 하지만 직장에 다니면서 야간에 하는 공부로는 국가에서 인정하는 자격을 얻지 못했다.

결혼 후 아기 엄마가 되어 방송대 유아교육과에 지원을 했다. 그 당시 가장 인기 있는 학과로 경쟁률도 그만큼 치열했다. 당당히 합격하여 과대표도 맡을 만큼 성실했지만 1학기 말 시험을 보는 중에 방송통신대 학장으로부터 '성적 상이'라는 이름으로 입학 취소가 되었다는 내용을 받았다. 내가 고등학교를 다닐 때는 상업학교라 3학년 2학기에 회사에 채용되어 정식 출근을 해서 실습을 했다. 그리고 수습사원이 되어 일을 했는데 방송대에서는 나와 같은 경우라도 3학년 1학기 성적으로 합격한 것은 무효라고 했다. 남편은 방송대에 탄원서까지 보내며 어떻게든 나를 응원해 주려고 안간힘을 써 주었지만 퇴학을 막을 수 없었다. 그때 나는 너무 실망한 나머지 육아나 살림은 뒷전이었다. 하지만 두 아이의 재롱은 곧 모든 시름을 잊게 해 주었고 꿈은 잠시 내려놓은 채 살게 해 주었다.

가슴속에 피워 놓은 꿈의 불씨는 언젠가는 되살아나게 되어 있는가 보다. 어느 날 퇴근한 남편이 내게 기쁜 소식을 안겨 주었다. 보육 시설을 운영할 수 있는 자격 과정이 생겼다는 것이다. 1년만 공부하면 작은 어린이집을 운영할 수 있는 자격이 주어진다니 꿈만 같았다. 아이들도 많이 자라서 초등학교에 다니고 있으니 걱정이 덜 되었다. 평택보육교사 훈련원에 지원하여 제2기 수련생으로 그 과정을 단숨에 수료했다. 단기간의 양성 기간으로 인하여 훗날 많은 교육 문제를 낳은 정책이었지만, 내 꿈에는 날개를 달아준 격인 사업이었다. 수료 후 남편과 친정아버지의 적극적인 지원으로 '둘리 어린이집'을 인수했다. 드디어 병아리 같이 작고 귀여운 아이들을 맡아 돌보는 일이 시작된 것이다. 하늘이 내린 직업이었다. 얼마나 행복했는지 가슴이 벅차올라 날아갈 듯했다. 아이들과 행복한 나날을 보냈다.

사랑으로 내 아이처럼 돌보는 일은 그리 어렵지 않았다. 적어도 규모가 작을 때는 그럴 수 있었다. 두 반으로 나누어 교육을 했지만 열 명 정도의 아이들의 담임이 둘인 셈이었다. 교사당 맡은 아동 비율이 환상인 교육이었다. 아이들도 나도 행복했다. 하지만 행복도 잠시였다. 점점 아이들이 늘어나니 반이 늘고 교사 수가 늘어나야 했으며 당연히 학부모도 많아졌다. 여기저기서 문제가 생겨나기 시작했다. 우선 교사들이 아이들을 잘 교육할 수 있도록 교사 교육이 필요했다. 물론 외부 교육도 필요하지만 내부적인 교육과 어린이집 교직원들을 위한 운영 지침이 중요했다.

어린이집에서 유아 간의 문제가 발생하거나 학부모의 건의 사항 등을 받아들이고 소통할 수 있는 방법을 아는 것도 중요했다. 열심히 정성을 다하는 사랑과 관심만으로 아이들을 교육하는 것은 불가능한 일이란 것을 깨닫는 것은 시간 문제였다. 서둘러 야간 대학 아동학과에 지원하여 아이의 발달을 이해하고 상담을 도울 수 있는 공부를 시작했다. 퇴근을 하고 안성에서 한 시간 이내 거리에 있는 천안의 H대학교 야간대를 다녔다. 다른 원장님 두 분과 서로 카풀을 하며 다녔다. 공부하는 일은 어렵지 않았다. 유태인들은 배우는 것이 달콤한 일이라는 것을 아이들이 느낄 수 있도록 어린 시절부터 글자에 꿀을 발라 주어 단맛을 공부에 연상하도록 했다.

눈 깜짝할 새 아동학과 보육 파트 4년 공부를 마치고 사회복지사 취득 과목까지 추가로 이수하고 아동학사와 사회복지사 자격을 받으며 졸업을 했다. 현장에서 일을 하면서 병행했던 보육 공부는 이론과 현장의 조화를 이룰 수 있도록 도와주었다. 보육일지 쓰기, 교사들의 학부모 상담 방법, 어린이집 운영관리, 아동발달 등의 공부가 특히 현장에서 쓰임이 있었다.

대학을 졸업한 뒤, 소통에 대한 목마름이 남아 있었다. 서슴없이 대학원 아동가족복지학과 상담 공부에 진학했다. 대학원에서는 수업이 발표 수업으로 이루어졌다. 바쁜 어린이집 일정으로 과제를 못할 때도 많이 있었으나 교수님의 이해와 배려로 진도를 따라갈 수 있었다. 대학원에서 첫 수업은 서로를 이해하는 전제 조건은 개인의 욕구가 서로 다르므로 그들의 욕구를 이해하는 것으로부터 좋은 인간관계가 시작된다는 이야기였다. 욕구를 쉽게 생리적, 사랑, 인정, 힘, 자유, 재미의 욕구 5가지로 나누었는데 내가 힘의 욕구가 강한 사람이라는 것과 재미의 욕구를 억압하고 살아왔다는 것을 알게 되었다. 욕구는 삶을 생기 있게 살 수 있도록 도와주고 성장하게 해 주는 신호다. 그래서 내면의 욕구를 돌보지 않는 사람은 쓰러져서 일어나는 데 시간이 오래 걸린다.

대학원 시절에 교수님 추천으로 아바타 심리 코스 9박 10일 코스에도 참여했는데, '참된 나'로부터 멀어지게 하는 신념들을 떼어내는 연습을 했다. 그 과정 중에는 남의 이야기를 잘 듣는 연습을 하는 시간도 있었다. 함께 참여한 어떤 청년은 내가 자신의 이야기를 잘 들어준다며 나와 계속 공감 연습을 하기를 원했었다. 기분이 좋기도 하면서 부담이 되었던 기억이 난다. 아마도 어려서부터 많은 여동생들의 이야기를 잘 들어주는 맏언니의 역할로부터 얻은 능력이 아닌가 싶다. 건강가정사 자격을 받고 대학원을 마쳤다. 대학원 공부를 통해 인간의 욕구에 대한 공부를 열심히 할 수 있었고 상담에 대한 공부를 계속할 수 있어 좋았다.

어린이집을 20년 동안 운영하면서 한시도 배우는 것을 게을리하지 않았다. 대학원을 졸업하고 곧장 부모교육 강사 양성 기관인 지역사회 교육협의회 대화법 강사과정 1년 과정에 도전했다. 어린이집 일과 병행하느라 좌충우돌 수고가 많았지만 그 과정이 내 인생에 가장 소중한 기간이기도 했다.

그 곳에 강사 지망생들은 내게 겸손함을 안겨 주었고 배움을 계속 이어가는 계기를 마련해 주었다. 23명이 시작을 했는데 지금 10년간 함께 하고 있는 이들은 4명이 남았다. 그들은 학구적인 면에서 나보다 모두 앞서 있었고 자신의 말을 조리 있게 표현할 줄 알았다.

일 년 만에 얻은 자격증은 '한국지역사회 교육협의회 부모교육 책임지도자'였다. 그 기관의 목표는 '행복한 학교, 행복한 가정, 행복한 아이와 함께 행복한 지역사회를 만드는 것'이었다. 행복한 가정과 행복한 학교는 행복한 아이를 만들 수 있고, 행복한 학교와 행복한 가정이 행복한 지역사회와 행복한 나라를 만들어 갈 수 있다는 이념이 깃들어 있었다. 지금도 강의할 때 자랑스럽게 이 협의회 강사 자격을 제일 먼저 소개한다.

나를 크게 변화시킨 공부 중 하나는 '성공하는 이들의 7가지 습관'이 있다. 여기 과정 중에 어느 간호사 이야기가 나온다. 그 간호사는 자신의 직업을 사랑하지 못하고 불행해 하는 사람인데, 자신이 불행한 가장 큰 이유는 자신이 맡은 말기 암 환자가 날마다 고약한 성격으로 자신을 괴롭히기 때문이라고 생각한다. 그 환자만 없어지면 자신이 행복할 것이라고 기대한다. 그러던 어느 날, 간호사는 자신을 괴롭히는 사람에게 스스로의 행복과 불행을 좌지우지 하게 내 삶의 열쇠를 넘겨줄 수도 있고 그러지 않을 수도 있다는 사실을 깨닫게 되었다는 이야기였다.

그녀는 생각의 습관을 바꾸고 하염없이 기쁨의 눈물을 흘렸다. 나도 가슴에 묵은 것이 씻겨 내리듯 시원했다. 불행해 하는 습관을 선택한 것은 바로 나였다는 사실이었고, 기적보다 더한 놀라운 발견이었다. 내 삶의 어두운 늪에서 빠져 나왔다. 가슴이 뛰기 시작했다. 내 삶은 내가 주도해서 살아야 한다. 누구 때문에 내 삶을 나답게 살지 못하고 누구 때문이라고 평생 불행해 하면서 살아야 할 이유는 없었다. 배우고 깨닫는 일은 참 달콤했다.

어릴 때부터 아버지는 술 주사가 있으셨는데 배우고 나니 아버지가 마냥 무서운 것이 아니라 도움을 드릴 수 있으리라 생각이 들었다.

“아버지 뭐가 아버지를 힘들게 하는 거예요? 이제는 제가 어른이 되었으니 도와 드릴 수 있어요.”

아버지는 평소와 다르게 반응하는 나를 빤히 쳐다보시면서 할 말을 잊으신 것 같았다. 불행한 얼굴로 아버지 처분만을 기다리면서 술주정을 밤새 들으며 두려워하던 내 모습은 어디로 간 것일까? 그 후, 놀라운 변화가 일어났다. 아버지의 술 주사는 점점 줄었고, 주도적으로 사는 나를 믿어 주셨다. 이 또한 배움의 기적이다. 더 이상 아버지를 무서워하지 않고 도움을 드리는 딸이 되었다.

버츄프로젝트를 빠뜨릴 수 없다. 2012년에는 이 공부에 빠졌다. 버츄프로젝트는 미덕의 언어로 품격 있는 세상을 만드는 소명을 가지고 있다. 이 프로그램의 5가지 전략을 소개하자면 '미덕의 언어로 말하라', '배움의 순간을 인식하라', '미덕의 울타리를 쳐라', '정신적 가치를 존중해라', '정신적 동반을 하라'다. 그 중 가장 기본이 되는 전략은 '미덕의 언어로 말하라'인데, 나의 삶을 향기롭게 도와주었다.

누구를 만나든 나는 상대방의 미덕을 찾는 것이 습관이 되었다. 비록 내게 많은 시간을 앗아가면서 몇 시간 동안의 긴 하소연을 한 사람에게도 "하필이면 많은 사람 중에 날 찾아와 소중한 이야기를 들려 주셔서 감사합니다."라며 감사의 마음을 표현할 수 있었고, 저녁 늦은 시간 엘리베이터에 함께 타게 된 아파트 이웃 학생들을 만날 때에도 "학교에서 공부하고 학원까지 다녀오느라 오늘도 수고가 많았지? 힘이 들 텐데 끈기가 대단하네?"라고 말해 준다.

또 어느 날은 우리 집에 65인치 대형 텔레비전을 구입했을 때, 파견된 직원이 설치를 해 주고 간 적이 있다. 갈 곳이 너무 많다며 서두르는 그 직원에게 사과를 깎아서 봉지에 담아 두었다가 손에 쥐어 주었다. 바빠도 먹으면서 일해야 한다며 그를 배려하며 배웅해 주었다. 그는 사과 봉지를 들고 다음 서비스를 위해 떠났다. 퇴근한 남편이 새로 설치한 TV를 기대하면서 리모컨을 작동하니 잘 나오지 않는다고 불평을 했다. 그도 그럴 것이 우리가 인터넷 영화 사이트와 연결시켜 놓았던 부분을 새 텔레비전과 연결이 필요했던 것이다. 이리저리 해보던 남편은 아침에 다녀간 그 직원에게 도움을 청해 보자고 했다. 그 시간이 밤 9시 50분이었다. 잠깐 한 마디만 일러 주면 될 줄 알고 전화를 했는데 사정은 그게 아니었다. 결국 우리가 잘 못 알아들으니까 직원은 영상통화를 해서 30분 만에 다시 텔레비전을 볼 수 있게 해 주었다. 너무 미안했다. 나중에 그는 일을 마치고 그제야 국밥을 시켜 놓고 앉아서 전화를 받았다고 했다.

"친절한 배려와 책임감을 보여 주시니 감사합니다."라는 문자 메시지를 남기니 곧 "영화 즐겁게 보세요."라는 회신이 왔다. 고마운 젊은이다. 미덕의 언어를 사용하는 습관은 사람을 살린다.

끝없는 배움 속에는 성장이 있다. 진짜 내가 살고 싶은 삶은 내가 원하는 삶을 향해 한 걸음씩 나아가는 것이다. 공부해서 남 주나? 공부해서 기쁨을 얻고 행복한 삶을 누리며 그 행복을 나누는 삶을 살 수 있다. 오늘도 다시 공부를 시작한다. 나는 죽을 때까지 평생 동안 공부를 하는 사람이 될 것이다. 공부한 것을 주위와 나누며 함께 행복한 삶을 이루어 갈 것이다.

이루어지는 꿈,
다시 꾸는 꿈

어린이집을 운영하며 문득 나 자신의 모습을 보고 깜짝 놀랐다. 어린 시절부터 간절히 꿈꾸어 오던 '마음씨 착한 선생님', '아이들과 마음이 잘 통하는 좋은 선생님'이 되어 있는 모습을 발견했기 때문이다.

"어느새 그토록 열망하던 꿈을 이루고 살고 있었네!"

마음속 탄성이 울려 나왔다. 아이들을 바라만 보아도 내 얼굴에는 함박웃음이 난다. 앙증맞은 그 작은 체구를 가지고도 스스로 기쁘면 기쁨의 환성을 지르고, 어디가 불편하면 소리를 내어 표현하는 일상의 모습이 참 대단하게 보인다. 친구와 서로 다른 욕구를 가지고 다투기도 하면서 사회를 배워가는 모습조차도 사랑스럽다. 또한 매일 선생님들의 배꼽이 빠져 나갈 정도로 웃게 만드는 재주도 있다. 신이 나면 기저귀 찬 엉덩이를 흔들며 춤을 추기도 하고, 점심시간에 배가 덜 고플 때는 자신의 밥을 크게 한 숟가락 퍼서 옆에 있는 친구의 밥그릇에 놓아 주기도 한다. 그러고 아예 밥을 떠서 엄마 흉내까지 내면서 "아~ 하고 입을 크게 벌려 봐!"라며 친구의 입에 숟가락을 가져다 대는 모습이 예쁘다.

더 놀라운 것은 옆에 있는 친구는 반사적으로 입을 크게 벌려 그 숟가락의 밥을 받아먹는다는 사실이다. 엄마인 줄 알고 무의식적으로 받아먹는 것이다. 선생님들은 배식을 하다가 배를 움켜지고 웃는 경우도 많다. 또 어떤 아이는 배고프지 않다며 밥을 한 덩이 크게 떠서 책상 밑에 던져 놓기도 한다. 책상 밑에 있는 그 밥덩이를 밟은 아이의 울음소리로 선생님은 비로소 그 밥덩이의 주인공을 찾기 시작한다. 만일에 어른들이 그런 행동을 했다면 우리가 웃을 수가 있을까?

아이들은 어른의 거울이기도 하다. 그들은 그들이 사랑받은 만큼 그 이상 화답을 할 줄 아는 존재다. 이른 아침 등원 시간에 울면서 왔다가도 선생님과 친구가 되어 이야기하다 보면 어느새 기분이 풀어져 있다. 그리고 스스로 뽀뽀 사례를 하며 고마움을 표현하기도 한다. 어디 그뿐일까? 그 다음날부터는 복도에서 만나면 달려와서 와락 안아 준다. 아이들로부터 얻은 교훈은 진실한 마음으로 세상을 대하면 반드시 세상도 진실함으로 답한다는 것이다. 꿈은 이렇게 어느 날 나도 모르게 이루어진다.

어렸을 때 부모님이나 선생님들로부터 “장래희망이 뭐니?”라는 질문을 많이 받는다. 그때마다 나는 꿈을 한 단어로 대답해야 하는 것으로 알고 있었다. 그래서 나는 좋은 선생님이라는 대답 대신 그저 은행원, 회사원이라고 대답하곤 했다. 아버지는 우리 집 사정으로 대학은 보내주지 못한다고 중학교 1학년 때부터 이야기하셨다. 그런데 놀랍게도 어느 날 나를 보니 정말 회사원이 되어 있었다.

회사원이 되어 남편과 연애를 할 때 내 꿈을 털어놓을 때면 그는 “왜 시작도 안 해 보고 포기해요? 길은 반드시 있으니 내가 알아볼게요.”라며 믿음직스럽게 말해 주었다. 그 말이 너무 고마워서 울 뻔했다. 그로 인해 잠자고 있던 꿈이 살포시 고개를 들고 일어났다. 그때부터 꿈을 이루어가는 행진이 미미하게나마 시작됐던 것 같다.

남편은 내가 어린이집 교사가 될 수 있도록 사회적 정보를 알아봐 주었고 주선해 주었다. 꿈이 춤추기 시작했다. 자격을 위한 공부를 했고 피아노 공부도 했다. 쉬지 않고 오직 ‘선생님 꿈’을 싣고 달리다 보니 남편과 만난 지 10년이 지날 무렵 어느새 어린이집 원장이 되어 있었다.

하루 3시간씩 10년을 계산하면 1만 90시간이 된다. 세상에는

1만 시간의 법칙이 있다. 무슨 일이든 1만 시간 동안 노력을 하면 못 이룰 것이 없다는 것이다. 그로부터 20년이란 세월 동안 단 한 번도 어린이집 일을 괜히 시작했다고 후회해 본 일이 결코 없었다. 날마다 새로웠고 신기했고 보람이 있었다. 아이들과 즐거운 하루를 보냈을 때도 좋았지만, 문제가 생길 때도 교사들과 부모들과 함께 문제를 풀어 가다 보면, 우리는 그 문제로 인하여 더 친밀해졌고, 성장해 가고 있는 것을 느꼈다.

꿈이 이루어졌다고 삶이 송두리째 달라지는 것이 아니다. 선생님이 되는 꿈이 이루어지고 꿈꾸는 삶이 전개되면서 삶은 계속 걸어가는 길이다. 살면서 또 다른 꿈이 생겨났다. 아이들의 음악 수업을 조금 더 유아 수준에 맞는 수업으로 개선하고 싶었다. 꿈을 이루어 본 경험이 도움이 되었다. 내 머리에는 이미 꿈꾸면 이루어진다는 신념이 싹이 트고 있었다.

음악에 대한 흥미가 없던 나는 우리나라에서 권위 있는 유아 음악가 '김성균 음악교실'에 도전을 했고, 벌써 아이들의 교실에서는 김성균 선생님의 아름다운 동요 곡들이 울려 퍼지게 되었다. 어쩌면 그렇게 아이 수준에 맞는 재미있는 음악을 만들 수 있었을까? 아이들을 많이 사랑하는 분이라는 믿음이 갔다. 음악 수업 개선의 꿈이 또 이루어졌다.

올 초에는 꿈에도 생각하지 못했던 기타 연주를 즐기는 사람이 되는 꿈을 꾸었다. 지난 8월부터 매주 기타 수업 시간에 모범 출석을 하고 눈길 한번 옆으로 주지 않고 맹렬히 연습하고 있다. 그리고 용기를 내어 다른 이들과 하는 연주에 참여한다. 무슨 일이든 결과를 얻기 위해서는 과정이 필요하기에 서툰 솜씨라도 열심히 참여하는 것이다. 노력하는 과정 없이 성취할 수 없다는 것을 누구라도 알고 있다.

나는 기타에 꿈을 싣고 다시 달린다. 그 서툰 솜씨를 뽐낼 기회가 왔다. 20대에서 60대까지 야학으로 검정고시를 준비한 사람들의 졸업을 축하하는 자리에서 우리팀이 초대를 받았다. 몇 가지 캐롤송과 '석별의 정'이란 노래를 기타로 연주해야 했다. 오늘도 손끝 마디가 패이도록 기타 코드를 움켜잡고 연습을 한다. 얼씨구! 신난다.

기타를 치니 좋은 점이 한두 가지가 아니다. 노래를 박자에 맞추어 부를 수 있게 된 것이 그중 최고로 좋았다. 지난번 공연에서는 내 인생에 대물을 건졌다. 나는 악보를 보고 있어도 한 마디 안에 반 박자 쉬고 시작하는 노래를 도저히 따라 부를 수도 없고, 그 개념도 도저히 이해가 서지 않는 사람이었다. 그런데 공연을 준비하면서, 지적도 당하고 자꾸 반복해서 따라 하다가 '아하! 이렇게 부르는 거였구나!'라며 그제야 제대로 박자를 맞추어 부를 수 있게 되었다. 나는 이렇게 배움을 얻을 때마다 '기적이 일어났다!'고 가족들에게 수선을 피운다. 꿈을 꾸면 기적을 보게 된다.

"네 꿈이 뭐니?"라고 묻지 말자. 어쩌면 막연할 수 있으니 말이다. "지금 네가 꼭 해 보고 싶은 일이 무엇이니?"라고 묻자. 그리고 그 한 걸음부터 시작하자. 우리는 우리도 모르게 매 순간 꿈을 꾸고 있다. 하고 싶은 일이 있다면 스쳐 지나가지 말고 기록 하자. 그리고 그 일을 왜 하고 싶은지, 나에게 그 일이 어떤 의미가 있는지 자신에게 물어보고 꼭 적어 두자. 그리고 그 일이 나에게 의미가 있는 일이라면 곧 그 일을 위해 출발하자.

앞으로 10년이 걸릴지도 모르는 그 일을 위해 지금부터 나의 관심과 노력을 조금씩 기울이자. 어느새 그 꿈이 당신 곁에서 함박웃음을 안겨 줄 테니까 말이다. 멈추지 않으면 당신은 자신도 모르게 꿈에 도달한 자신을 발견하게 될 것이다.

어린이집을 운영하면서 꿈에 대한 나의 신념은 놀랍게도 180도로 변했다. 오늘도 기타를 튕기며 가을날 연주회를 꿈꾼다. 당신의 꿈은 무엇인가? 그 꿈을 이루기 위해 당신은 무엇을 하고 있는가? 그 꿈을 이루어야 할 이유는 무엇인가? 세 가지 질문에 답을 했다면 그 꿈을 이루었을 때의 기분을 미리 즐기자. 꿈은 꾸기만 하면 어느새 '이루다'라는 동사와 함께 이루는 길을 모색하는 놀라운 힘을 가지고 있다.

사랑이 법이다

4명의 어린이집 원장으로 구성되어 있는 59년 생 '꽃돼지 모임'이 있는 날이었다. 그날도 산행을 마치고 점심식사를 하기로 했는데 2명의 멤버가 장소에 나타나지 않았다. 나와 함께 기다리던 효 친구는 "나랑 둘이서 산행하고서 나중에 오는 두 친구와 점심을 같이 먹으면 되지. 안 그래?"라며 이야기했다. 정말 그렇게 하면 되었다. 그런데 나는 초조히 기다리면서 속으로 '약속을 했으면 지켜야지?'라는 당위적 사고에 빠져 있었다. 그 친구의 말에 나는 정신이 번쩍 들었다. '어떻게 저렇게 초연하게 이 상황을 받아들일 수 있을까?' 친구의 너그러움이 부러웠다.

우리 둘이서 즐겁게 담소를 나누면서 선행을 마친 뒤 뒤늦게

합류한 친구들과 편안하게 만남을 가졌다. 우리는 서로 '왜 늦었는가? 다음엔 그러지 마라'라고 따져 묻지 않았다. 늦게 온 친구들도 굳이 변명 같은 것은 하지 않았다.

꽃돼지 멤버 중 그날은 효 친구의 생일을 축하해 주는 날이었다. '착한낙지'라는 식당이 맛이 좋다하여 장소를 만장일치로 정했다. 나는 코다리 요리를 기대하고 갔지만 정작 생일 주인공은 낙지가 먹고 싶다고 해서 메뉴도 만장일치로 낙지 덮밥으로 정했다. 옆에 있던 친구 형이는 매운 것을 잘 못 먹기에 우리는 덜 맵게 해 줄 것을 두 번이나 강조하고 당부했다. 주문을 받는 사람도 웃으면서 고개를 크게 끄덕였다. 그런데 막상 나온 낙지요리는 너무 매워서 입안에서 불이 났고, 연신 미역 냉국만 들이켜야 했다. 정말 달래지지 않는 매운 맛이었다. 친구들도 손바닥을 입에 대고 부채질을 하기 시작하면서 눈물까지 흘리기도 했다. 머릿속까지 쭈뼛하고 등줄기에 땀이 솟는 매운 맛은 몸에 열기까지 올라오게 했다.

정신을 차리느라 차창 밖 먼 곳을 바라보다가 문득 창문에 적힌 '착한 낙지' 간판이 눈에 들어 왔다. 나도 모르게 "이건 착한 낙지가 아니라 독한 낙지야!"라고 내뱉었다. 내 말에 친구들은 낙지 덮밥을 입에 넣은 채로 깔깔 웃었다. "생일이니 그냥 넘어가자", "해도 해도 너무 한다", "오히려 땀 흘리며 먹는 추억을 남겼다", "먹고 나니 매운 맛이 뒤끝이 없다.", "또 한 번 오고 싶은 매운맛이다."라며 어느새 우리는 할 말이 많았다.

식사를 마치고 나오면서도 매운맛을 잊으려 계산대 옆에 준비된 박하맛 사탕을 얼른 집어 나누어 먹었다. 친구들은 누구 하나 항의를 않고 조용히 식당을 빠져 나왔다. 주문을 받은 사람을 알아보니 외국인 근로자였다. 그의 실수였다. 그 덕분에 우리는 3단계 매운 맛 중에서 가장 센 매운맛을 보았다. 그날의 추억은 추운 겨울날에 좋은 기억으로 남았다.

어린이집에서 낮잠 시간이 되면 아이들의 모습은 각양각색이다. 순하게 잠이 드는 아이, 노래를 불러 달라는 아이, 귀를 잡아 달라면서 잠투정이 심한 아이, 스킨십이 없으면 잠을 못 자는 아이, 잠 든 친구 옆에서 장난치는 아이 등 낮잠 시간조차 선생님들은 전쟁이다. 한 아이가 잠이 들면 다른 아이가 화장실에 간다면서 이제 막 잠이 든 아이의 발을 밟기도 하고 다시 잠이 깨어 우는 아이를 다시 달래어 재워야 하는 경우도 있다. 한 아이를 팔에 재우며 뒤척이는 아이를 다른 팔로 다독이는 선생님들의 손은 열 개라도 부족하다. 아이를 향한 고귀한 사랑이 없으면 어린이집 교사가 될 수 있을까? 사랑이 없이 직업의식으로만 할 수 있는 직업은 아니다.

사랑은 향기를 가지고 있으면서 옆 사람, 또 그 옆 사람에게 전염이 된다. 그 사랑은 부메랑이 되어 다시 아이들로부터 선생님에게로 되돌아간다. 따스한 선생님의 손길을 받고 잠을 실컷 자고 난 아이들은 웃으면서 일어난다. 물론 잠이 부족한 아이는 온갖 인상을 찌푸리면서 일어나기도 한다. 기분 좋은 아이들은 "떤땡님, 우리 집에 와. 우리 집에서 맛있는 것 주께요. 응? 아이쯔크림 많이 이쪄요."라고 말하며 기어 와서 선생님을 안아 준다. 선생님의 피곤함을 녹여 주기에 충분한 사랑이다.

해마다 교사들은 회의를 통해 담임 반을 맡게 된다. 자신이 맡은 반 아이들의 엄마라도 된 듯, 행사 때면 자신의 아이들의 몫을 챙긴다. 소풍, 운동회, 놀이터, 강당에서 조회를 설 때에도 자신의 반 아이들 모습에 집중한다. 기념품이나 선물 등을 챙기는 모습은 더 좋은 것을 주고 싶어 안달이다. 그런 선생님 마음을 알기라도 하듯 아이들도 병아리처럼 담임선생님 말에 귀를 더 쫑긋한다.

교사들도 성격이 다양하다. 나는 '교사들과 아동들의 서로 다름을 인정하는 유연성 있는 원장'이 되기를 소원한다. 교사들 중에는 긍정적이고 유쾌한 교사가 있는 반면, 자신의 삶 안에서 고뇌하며 어려움을 겪는 교사도 있다. 또한 적극적인 교사가 있는 반면 소극적인 교사가 있다. 교육적인 면에서도 열정이 많은 교사가 있는가 하면 에너지가 약한 교사도 있다. 그러나 이 모든 사람들이 한곳에 어우러져 시너지를 내면서 살아간다. 공동생활에서는 유연성과 이해심이 필요하다.

유연성이란 자신의 방식만을 고집하지 않고 다른 사람의 생각과 의견을 존중하는 것을 말한다. 유연성의 미덕을 가지고 일을 추진하면 창조적인 길이 열린다. 유연성은 우리를 보다 나은 방향으로 발전하도록 도와준다. 다른 사람의 의견을 존중하는 일, 그것은 상대방을 있는 그대로 인정하는 사랑이다. 사랑은 전염되고 계속 퍼져 나간다.

사랑을 받는 사람은 자신이 소중한 존재임을 깨닫고, 자신의 특별한 재능이나 사랑을 세상에 전파한다. 나는 유연성의 미덕을 늘 기억하면서 어린이집을 운영했다. 서로의 다름이 축복으로 여겨질 때, 부족함을 채워 나갈 수 있다. 교사들과 유연성이라는 미덕 안에서 함께 성장하고 있음을 믿고 또 내일의 태양을 맞이한다. 그것이 사랑이다.

사랑을 한다는 것은 아름다운 일이다. 자신뿐만 아니라 상대방도 사랑으로 인하여 자신이 고귀한 존재임을 깨닫게 되고 다시 시작할 수 있게 해 주니까 말이다. 여기에 프랑스의 수도승 베르나르 드 클레르보Bernardus Claraevallensis의 글을 소개한다. 그는 우리 자신과 우리의 관계, 다른 사람과 우리의 관계 사이에 어떻게 균형을 잡을 것인가 고민하면서 사랑의 4단계를 소개한다.

첫째, 나는 내 이익을 위하여 나를 사랑한다.

둘째, 나는 내 이익을 위해서 당신을 사랑한다.

셋째, 나는 당신의 이익을 위해서 당신을 사랑한다.

(이기적인 인간의 존재는 세 번째에서 결국 이기적인 두 번째 단계로 돌아가게 되어 있다고 소개한다.)

넷째, 나는 당신의 이익을 위해 나를 사랑한다.

나는 궁극적으로 나를 책임지는 유일한 사람이다. 나는 내게 가장 큰 선물인 내 인생을 관리하는 유일한 사람이다. 그러므로 나는 세상에서 내 건강, 마음의 평정, 건전한 정신, 인간으로서의 존재감을 지키기 위한 조치들을 할 필요가 있다. 그러므로 나는 당신의 봉사를 받을 필요 없이, 진정으로 당신에게 봉사할 수도 있는 온전한 사람이다.

자신을 돌보는 사랑만큼 중요한 일은 없다. 베르나르는 자신을 사랑하는 일은 다른 이에게 나를 돌보지 않아도 되는 자유를 주기 때문이라고 말한다. 나도 온전하고 상대도 온전하다면 얼마나 자유로운 세상이 되겠는가? 내가 온전하다면, 도움이 필요한 사람에게 언제든지 서슴없이 사랑으로 봉사할 수 있게 된다. 사랑이 법이다. 그중에 으뜸가는 사랑은 자기 자애이다.

자신을 온전하게 지키는 사랑이 사랑의 시작이요 완성인 것이다. 사랑으로 다가가면 해결 못할 문제가 없다. 하지만 자신을 먼저 사랑하는 것이 인생의 첫 답인 것을 기억하자. 사랑은 세상을 살리는 법이니 말이다.

Chapter 5

행복한 선생님의 다섯 가지 비결

천직에 감사하라

행복한 사람이 되는 비결은 삶에 감사하는 것이다. 이는 내가 가진 것을 고맙게 여기는 태도이다.

감사하는 삶이란 매일 내가 누리고 있는 축복을 세어 보는 습관이다. 그것은 오늘 내 주위에 있는 많은 선물을 알아보고 고맙게 여기는 태도이다. 우리가 배우고 사랑하고 존재하는 것에 대해 대해 고마움을 느끼는 것이다. 감사하는 마음을 가지게 되면 만족하게 되고 일상의 어려움을 배움의 기회로 맞이할 수 있게 된다.'

한국버츄프로젝트사의 미덕카드 중

아이들은 그 어떤 상황과 환경에도 아랑곳없다. 더우면 더운 대로 추우면 추운대로 놀이에 몰입한다. 추운 겨울에도 성탄 노래가 나오면 더 신나게 깔깔거리니 말이다. 어린이집에서도 겨울이면 아이들을 데리고 눈썰매장을 간다. 처음 썰매장에 가면 아이들이 잘 탈 수 있을지 교사들이 걱정을 한다. 하지만 아이들은 이런 걱정이 무색하게 언덕을 올라 눈썰매를 타고 내려가는 일을 몇 번이고 반복한다. 썰매가 무거워서 질질 끌면서도 재미있으니 다시 출발점으로 향한다. 심리학자 칙센트미하이Mihaly Csikszentmihalyi는 '인간은 재미가 있으면 몰입을 하고 최선을 다한다.'라고 했는데 이 말이 증명되는 순간이다. 재미있는 순간은 선생님이 도와준다고 해도 뿌리친 채 끝까지 자신이 한다고 소리치기 때문이다.

아이들의 썰매타기를 보고 있으면 인생길과 별 다른 게 없다는 생각이 든다. 썰매를 타고 신나게 달릴 때도 있지만, 누구나 썰매를 다시 끌고 올라가야 하는 언덕과 같은 인생길을 만나게 되기 때문이다. 그때 신나게 즐기던 내리막길의 짜릿함을 꿈꾸며 최선을 다해서 다시 오르면 다시 썰매를 타고 내달리는 즐거운 순간을 맞이하게 된다.

아이는 놀이를 하면서 세상의 이치를 몸으로 깨닫는다. 아직 어려서 유창하게 말하지 못할 뿐이지 스스로 자신이 원하는 일을 해내며 삶의 경험을 쌓는다. 바로 그때 자신의 의도대로 행동을 이끌어갈 수 있는 주도성과 자신감이 생긴다. 에디슨은 '성공한 것은 더 잘하면 되고, 실패하면 그렇게 하면 안 되는 것을 배우면 된다.'라고 말했다. 그리고 많은 뇌과학자들은 0~7세에 사람의 성격과 지능이 80퍼센트는 결정이 된다고 했다.

아이들은 눈썰매를 타면서 실패하지 않는 방법을 배운다. 자신의 달콤한 목표를 이루기 위해 어려움을 이겨내는 마음을 '만족지연능력'이라고 한다. '자제력'이라고 부르기도 한다. 이것이 아이의 미래에 행복을 좌우하는 중요한 능력이다.

이 세상은 매우 복잡하기 때문에 수천 가지 요인들이 일상생활에 영향을 미친다. 하지만 세상의 유혹을 인내하며 이겨내고 자신만의 목표에 집중하며 나아갈 수 있는 만족지연능력은 어린 시기에 그 씨앗을 심어 주어야 한다. 이 중요한 시기를 맡아 돌볼 수 있으니 행복하고 감사하다.

"선생님, 제가 해냈어요!"

"1단계를 통과하고 2단계에 도전했어요."

"다음에 또 와요!"

아이들을 돌보면서 가장 관심을 두어야 할 부분은 습관이다. 식습관, 배변 훈련, 옷 입기, 정리정돈 등 자기 일은 스스로 할 수 있어야 한다.

좋은 생활습관은 아이의 자존감을 키운다. 옷 입기, 신발 신기, 식습관, 정리정돈 등 그 어느 것 하나 중요하지 않은 것이 없다. 신발을 구겨 신는 습관이 있는 아이는 잘 넘어지게 마련이다. 음식을 먹을 때 돌아다니며 먹는 아이는 입에서 밥풀이 튀었다고 더럽다며 놀림을 당할 수도 있고 친구를 불쾌하게 만들 수도 있다.

옷을 제대로 입지 않고 단추를 풀어 놓고 걸치기를 좋아하는 아이는 교실에서 놀이할 때 옷이 늘어져서 친구의 발에 밟히기도 하고, 옷자락을 휘두르다가 곁에 있는 아이가 맞게 되어 다투는 일도 생긴다. 이 또한 반의 즐거움을 깨뜨리는 일이다. 아주 사소하지만 영유아기의 좋은 습관을 길러 주는 일만큼 중요한 일은 없다.

우선 사회생활의 첫발을 떼는 아이를 진정 응원하고 싶다면, 아이의 일을 대신 해 주지 말고, 스스로 해냈다는 자신감을 느낄 수 있도록 기다려야 한다. 스스로 해냈을 때 함께 기뻐해 주고 아이의 노력을 구체적으로 칭찬해 주는 것이다. 아이의 좋은 사회성 발달의 싹을 틔워 줄 수 있을 것이다.

아이들의 성장 속도는 어른의 일 년과는 차원이 다른 속도다. 어린이집을 운영하는 동안 단 한번도 '이 직업을 내가 왜 선택했을까?'라며 후회하거나 회의감을 가져 본 일이 없다. 매 순간 아이들을 위해 열심히 뛰어도 시간이 늘 부족했다. 내게 맡겨진 사회적 역할을 생각하면 가슴 뛰었고, 얼마나 중요한 일인가를 생각하면 몸에 전율이 느껴질 정도로 귀한 사명이었다.

아이들은 신이 내린 선물이다. 그들과 함께하는 삶은 축복 그 자체다. 그들은 내가 하나의 관심을 주면 늘 그 이상으로 화답한다. 아이들이 내 곁에 있는 그 기간 동안 얼마나 많은 웃음을 지었는지 생각만 해도 뭉클하다. 아이들은 인생의 보약인 웃음을 무료로 선사하는 천사들이다. 미끄럼틀을 무서워하던 아이가 어느 순간 잘 타게 되면 그 누구보다 교사들은 마음 놓고 웃게 된다. 개구쟁이 같은 장난을 하면 천진스러워 또 웃고, 친구를 밀고도 자신만의 사정이 있었음을 더듬거리면서도 대변하는 모습을 보면 또 웃게 된다. 그렇게 웃었을 뿐인데 어느새 23년의 시간이 눈 깜짝할 새에 지나갔다.

물론 합리적이지 못한 보육 정책에 대한 아쉬움도 있었고, 민간 어린이집의 경제적 운영은 늘 어려움이 있었다. 하지만 그것들을 내가 앞장서 바꿀 수 없다면 손 놓고 세월만 보낼 수는 없는 일이었다. 인생을 가름하는 중요한 시기의 아이들이 내게 맡겨진 이상, 그 일을 가치 있게 해내야 하지 않을까. 눈에 보이는 것보다 보이지 않는 것이 더 중요하다고 생각한다. 경영 문제나 학부모와의 문제가 끊이지 않는 직업이기도 하지만, 나는 아이들을 돌볼 그 막중한 임무를 선택받았다고 여긴다.

감사는 내 주위에 있는 많은 선물을 알아보고 고맙게 여기는 태도다. 우리가 사랑하고 존재하는 것에 대한 고마움을 느끼는 것이다. 감사하는 마음으로 만족하고 일상의 어려움들을 배움의 기회로 맞이하면 어느새 자신이 원하는 삶을 살고 있음을 발견하게 될 것이다.

학부모와 하나 되기

"원장님, 우리 아이가 학교 다니기 싫대요."

"원장님, 우리 아이는 학교에서 공부하기 싫다고 말없이 집으로 와 버렸어요."

"원장님, 초등학교에 가서 아이가 대변을 실수하는 것은 환경이 바뀌어서 일까요?"

해마다 초등학교에 진학한 졸업생 부모들의 전화가 걸려온다. 평범한 이야기 같지만, 부모에게는 이보다 더 큰 걱정이 없을 것이다. 엄마라는 이름으로 다시 태어나 본 사람은 자신의 일보다 더 가슴 절절한 것이 자식의 문제라는 것을 안다. 진수는 학교 친구들이 낯설다고 아침마다 "학교에 가기 싫다."라며 떼를 쓴다고 한다.

"진수가 학교에 적응을 못하는 것이 많이 걱정되고 두려우시지요? 학교에서 열심히 공부하고 친구들과 사이좋게 지내기를 기대하시는 데 말이에요?"

사실 아이의 학교생활이 부모의 예상을 빗나가게 되면 그 문제가 부모에게는 실제보다 더 크게 부풀려져서 두려움으로 느껴질 때가 있다. 직장생활을 하면서 아이에게 갖는 죄책감이 주범이 되어 아이의 현재 문제보다 앞으로의 일을 두려움으로 추측하고 불안해 하는 부모들도 있다.

부모는 아이들의 문제를 공감해 주고 순간의 걱정을 나누고 해결해 나가면 된다. 내일 일은 내일 걱정해도 늦지 않다. 아이가 그 순간 정말 걱정되었던 일은 정말 사소한 것일 수 있다. 그것을 들어주기 시작하면 안정을 찾기 시작한다. 나도 내 아이를 키울 때 그야말로 걱정 근심 덩어리 엄마였다.

오늘의 문제를 내일로, 먼 미래로까지 끌고 다니며 걱정하지 말자. 부모는 자녀의 성장을 돕는 역할도 하지만 동시에 그 과정에서 자신의 부족한 부분을 마주보게 된다. 부모부터 세상과 조화를 이루며 성장해 나가는 것이다.

나는 평소 아이들을 관심 있게 지켜보기 때문에 아이들의 상황에 대한 눈치가 빨랐다. 졸업생일지라도 그 아이들의 특성을 거의 기억하고 있다. 그것을 믿고 전화해 주시는 부모님들의 상담이 이어진다. 이런 상담을 할 때에 제일 먼저 할 일은 아이의 문제인지 부모의 문제인지를 알아야 한다. 그런데 이야기하다 보면 부모의 문제일 때가 많다. 부모 스스로가 두려움에 휩싸이게 되면 아이의 작은 문제도 오히려 큰 문제처럼 보게 되고 과잉방어를 하게 되는 것이다.

아이는 부모가 인내심을 갖고 응원과 격려를 보내면 스스로 문제를 해결할 수 있는 존재다. 만약 부모가 불안해 하고 조급하여 기다려 주지 못하면 아이는 닥쳐 온 문제를 해결하면서 성장할 수 있는 기회를 잃고 만다. 아이는 자신을 문제가 있는 존재로 인식하게 되면서 스스로 문제를 해결하기보다 타인에게 의존하는 습관을 갖게 되기도 한다.

아이들이 어린이집에 입학을 하게 되면 짧게는 3~4년을 함께 지내게 된다. 그래서 선생님과 부모는 가족 이상으로 친밀해진다. 특히 종일반 아이들은 하루 중 어린이집 생활 비중이 크기 때문에 교사는 부모와 긴밀한 연락과 상담을 주고받는다.

교사와 부모의 환상적인 콤비는 미숙한 아이들의 성장 발달을 분명한 목적을 두고 돕는다. 4~5세 아이들은 좋은 습관과 인성교육을 통해 자존감, 자율성을 기른다. 또한 6~7세 아이는 자기주도성을 성장시키는 시기다. 아이는 부모의 감정을 함께 지고 산다 해도 과언이 아니다. 부모의 정서가 아이의 정서가 되기 때문이다. 그래서 부모의 불안정한 정서가 곧바로 회복되어야 하는 이유다. 그 회복을 돕는 도구로 버츄카드를 이용하곤 했다.

아이 생활 상담 기간 중에 이런 일이 있었다. 아이들의 어린이집 생활 이야기를 전해 드리는 자리임에도 불구하고, 뜨거운 눈물을 흘리면서 자신이 처한 경제적 어려움에 대해 이야기하는 어머니가 있었다. 늘 도와 달라고만 하는 시댁 식구들 때문에 너무 힘들다는 것이었다. 털어 놓으니 시원하셨는지 그 문제만 아니면 문제가 하나도 없는 행복한 가정이라며 겸연쩍게 웃으셨다. 그 문제를 생각하면서 버츄카드를 뽑아 보자고 제안을 했다. '소신'의 카드를 뽑으셨다. 그 카드에서 의미 있는 구절을 소개해 달라고 했더니 이렇게 소개하셨다.

"당신은 존중받아 마땅한 사람입니다."

"다른 사람으로 인해 곤경에 빠지는 일이 없도록 주의하세요."

"나는 스스로 옳다고 생각하는 것을 행동에 옮깁니다."

"나의 지도자는 나 자신입니다."

어머니는 금세 눈물이 글썽거리며 자신이 크게 대우받은 느낌이라고 이야기했다. 그리고 자신의 문제를 잘 헤쳐 나가고 싶다는 다짐을 하셨다. 문제가 없는 사람은 없다. 그러나 그 문제가 스스로 회복하기 어렵다고 느낀다면 주변에 도움을 청하거나 전문 상담을 받아 빠른 시간 내에 회복하도록 노력해야 한다.

부모가 행복해야 아이도 행복할 수 있다. 우리 어린이집의 상담 기간이 하루 이틀 내에 끝나지 않고 일주일 내내 이어지는 이유이기도 하다.

나는 부모 교육을 통해서 그동안 먼저 배운 것을 그들과 나누는 기회를 만들었다. 지성이면 감천이란 말이 여기 어울릴까? 내가 부모 교육을 하고 부모 상담을 하는 것은 오직 '아이들의 밝은 미래 행복한 미래'를 바라는 소원에 그 초점이 맞춰 있었다. 그런데 어느 날부터인가 학부모들의 화답이 시작되었다.

"원장님, 아이와 다투지 않고 대화할 수 있게 되었어요. 소리치면 더 이상 이야기를 할 수 없더라고요."

"원장님, 제가 둘째를 임신했는데 큰아이가 질투하지 않도록 잘 돌보고 있어요."

"원장님, 옆집에 새댁이 아이와 매일 실랑이를 해서, 제가 인생 선배 역할을 해 주었어요. 아이에게 미덕의 언어를 사용하면 좋다는 것을 말해 주었어요."

"부모 교육이 결국 저를 성장시키고 있더라고요."

자녀 교육을 향한 나와 부모의 노력 덕분에 변화가 일어났다. 교사와 부모의 성장은 행복한 아이들의 모습을 낳는다. 어른들이 행복하면 아이들의 목소리도 더 밝고 활기차진다.

철이 어머니는 결혼 생활에 대한 어려움이 크셨던 분으로 한창 힘드셨던 시기가 있었다. 나와 상담을 통해 이 문제들을 넘었고 스승의 날에 감격스러운 편지를 내게 주셨다.

원장님, 안녕하세요?
마음으로는 매일 감사드리고 있지만, 이렇게 스승의 날이 되어서 감사의 마음을 표현한다는 것이 부끄럽습니다. 원장 선생님의 얼굴에는 겨울에도 항상 봄이 있습니다. 저도 우리 아이들 앞에서 항상 봄같이 따뜻한 엄마가 되도록 노력하겠습니다. 원장님은 항상 믿음직스러운 은행나무처럼 존경스러운 분이에요."

내게 이보다 값진 선물은 없었다. 이것이 서로 돕고 어울려 살아가는 삶의 맛이 아닐까? 서로 믿고 존경하며 돕는 교사와 학부모는 인생의 어려움을 그 누구보다 잘 넘으리란 강한 믿음이 있다. 교사와 부모는 나라의 미래를 짊어질 아이들을 함께 키우는 동료이자 가정교사인 셈이다. 함께 아이들의 멘토가 되고 롤 모델이 되어야 한다. 나도 현장에서 아이들을 오랫동안 가르쳤지만 깨달은 것이 있다면 가르치는 자가 가장 크게 배운다는 것이다. 내게 아이와 학부모는 가장 큰 선물이자 스승이다.

아픈 곳에 함께 하라

나는 어린 시절부터 심약하고 내성적인 성격을 가지고 있었다. 누구에게 내 의견을 말하기보다는 그저 주어진 일을 열심히 하여 꾸중 듣지 않으면 본전이라고 생각하는 사람이다. 처음 원장이 되었을 때에 교사들이 면담 요청을 하면 '내가 뭘 잘못한 일이 있나?'라는 생각부터 했다. 무슨 말을 듣게 될지 몰라서 혼자 마음 졸이며 시간을 보냈다.

학부모와 이야기를 할 때도 마찬가지였다. 이야기를 들어보기도 전에 내가 잘못되었다고 비난하는 말일까 미리부터 짐작하면서 두려워했다. 그런데 정작 말을 들어보면 가벼운 이야기가 더 많았는데도 그것은 늘 나를 괴롭히는 심리적 악습이었다.

원장에게 필요한 가장 중요한 덕목은 아이와 교사, 교사와 원장, 교사와 학부모, 학부모와 원장, 학부모와 자녀의 관계를 더 좋게 돕는 일이라는 것을 운영을 시작한 지 얼마 안 되어 깨닫게 되었다. 그중에서 가장 중요한 관계는 교사와의 관계다. 교육관을 같이 하고 가치관을 서로 나누며 존중할 수 있는 교사회를 만들어 나가는 일이 중요하다. 그래서 인간관계를 돕는 공부를 시작했다.

그 첫 공부가 토머스 고든의 PET와 STEP PROGRAM였다. 인간의 의사소통의 원리를 깨우칠 수 있는 좋은 기회였다. 대학원에서 아동가족복지 상담을 공부했으며, 좋은 인성을 키워 주는 버츄프로젝트 감성 능력 키우기, LET와 하브루타 등을 연이어 공부했다. 공부를 할수록 사람들의 존재에 대한 인식이 새로워졌다. 모든 과정은 나 자신을 비롯한 모든 이가 얼마나 소중한 존재인지를 배우는 과정이었다. 더 이상 누구에게 지적당할까 두려워하지 않고 진실함으로 상대에게 다가가는 것이 소통의 비밀임을 깨닫게 되었고, 우선 나의 심리적 악습인 두려움과 걱정을 미리 하는 것부터 없애기 위해 훈련을 했다.

긴 공부 끝에 내 마음의 커다란 두려움과 걱정이라는 암 덩어리를 떼어내는 기적이 일어나기 시작했다. '겁도 많고 걱정도 많아 늘 두려움이 많았던 나'와 헤어졌다. 이젠 달라지기로 선언했고, 달라진 원장으로 거듭나자 진정한 마음으로 누군가를 도울 수 있는 사람이 되었다.

서강대 철학과 최진석 교수는 "세상의 중심이 어디에 있는가?"라는 질문을 했다. 그 자리에 모인 사람들은 세계의 각 나라를 말했지만 그가 원하는 답은 아니었다.

"아닙니다. 세상의 중심은 아픈 곳에 있습니다!"

사람이든 자연이든 아픈 곳이 있으면 빨리 치유해야 세상이 다시 조화를 이루면서 돌아갈 수 있다고 하는 것이었다. 아픈 곳이 있으면 세상은 절름발이가 되어 잘 돌아갈 수 없게 되니 빨리 치유를 해줘서 함께 성장해야 한다는 것이다. 그래서 세상의 중심이 아픈 곳에 있다고 했다. 이후 내가 아픈 곳을 보면 지나치지 않겠다는 다짐을 하게 되었다.

요즘은 조금 달라졌지만 어린이집 교사들은 보건복지부령으로 하루 12시간을 보육에 종사하는 직업이었다. 아이들과 꼬박 5시간을 있어도 사실 지칠 때가 있는데 현장에서 8시간을 근무하고도 당번 교사인 날은 남아서 12시간을 채워야 퇴근할 수 있는 구조였다. 보육 교사들은 맞벌이 부부를 위한 제도라는 정부의 정책 아래 아파 신음하는 이들이 되었다.

취업 여성을 보호하고 여성 인력의 사회 진출을 돕는 목적은 좋으나 그에 따른 희생도 어린이집 교사들이 감당해야 했다. 아이들은 저녁 무렵이 되면 엄마 품이 그리워 놀이에도 흥미가 없다. 파김치가 된 선생님들도 마찬가지다. 저녁에 일과를 마치고 내일을 기대하면서 퇴근을 해야 하는 하는데 늦은 시간까지 아이들을 돌봐야 하는 격무가 남아 있다는 것은 체력적으로 힘이 붙이는 일인 것이다.

신학기 교사 회의 시간에 있었던 일이다. 공동생활이 어려운 신입 아이의 공격성이 교실의 분위기를 전부 흐려 놓아서 질서를 잡기가 어렵다는 교사의 눈물 어린 호소가 있었다. 조금만 참고 인내하자는 내 이야기를 들은 교사는 "원장님께서 교실에서 일주일만 수업해 보세요. 그 말이 그렇게 쉽게 나오실지 궁금합니다."라고 말을 했다. 나도 양심에 찔렸다. 간혹 교사가 병원에 간다던지 외출이 있을 때 교실에 들어가 보면 나는 한 시간을 보내기 어려울 정도로 쩔쩔매곤 했다. 교사가 돌아오는 시간을 얼마나 애타게 기다렸는지 모른다.

나는 교사의 근무환경이나 처우 개선이 꼭 필요하다고 생각한다. 일본의 국립 어린이집은 교사가 근무 시간 8시간 중 5시간 정도를 아이들을 돌보고 3시간은 교실을 정돈하고 다음날 수업을 준비한다. 선생님의 말처럼 일주일만 수업하라는 말에 나는 얼른 꼬리를 내렸다. 선생님의 수고를 알아도 충분히 알고 있기 때문이다.

뉴질랜드에 갔을 때 가이드가 해준 말이 생각난다. 처음 이곳에 정착하기 위해 정말 열심히 일을 했다고 했다. 그런데 유치원

생부터 초등학생까지는 부모가 반드시 오후 3시가 되면 아이를 데려가야 하는 학교 제도가 있다는 것이었다. 그래서 아이를 데려다 놓고 다시 직장으로 향하는 부모들이 많았는데 무척 이해가 안 되고 따르기가 힘든 제도였다고 한다. 그러나 조금씩 겪어보니 아이들의 발달을 고려한 교육 제도여서 오히려 안심하고 아이를 학교에 맡길 수 있게 되었다고 했다. 직장에서도 부모가 아이들을 데려와야 하는 시간을 배려해야 하는 규칙이 있다고 한다. 방과 후 아이들을 데리러 가면 넓은 초원에서 놀고 있는 모습에 흐뭇한 마음이 들었다고 하니 나도 그 이야기를 들으면서 부러운 마음이 들었다.

어린이집에서는 일과를 마친 뒤 저녁 7시가 되어야 교사 회의를 하거나 교사 교육을 할 수 있다. 이 직업을 가까이 본 사람이라면 알 것이다. 20년 넘게 어린이집을 운영하면서 교사들에게 미안하지 않은 순간이 없었다. 늘 고마웠다. 어려운 조건에서도 그들은 아이들과 하루를 즐겁고, 안전하게 보내기 위해 최선을 다했다. 그런데 아이가 사고가 나거나 반에서 다툼이 생기는 등 일이 벌어지면 그 모든 책임은 교사에게 돌아간다. 죄인 중의 중죄인이 되는 것이다. 그래서 교사들은 아이의 발달 미숙으로 일어난 사고일지라도 연신 고개를 숙이며 죄송하다고 해야 하는 상황이 많다. 물론 교사의 부주의로 아이가 다쳤다면 크게 용서를 구해야 하는 게 맞다. 그러나 어린이집의 사고는 신학기에 주로 일어나며 아이가 규칙에 대한 이해나 자기 조절 능력이 부족해 일어나는 경우가 더 많다.

어린 자녀에게 상처가 났을 때에는 이유 불문하고 부모님의 노여움이 하늘을 찌른다. 나는 이럴 때 교사에게 더욱 아이들을 안전하게 돌보자고 하며 뒷일을 책임지는 역할을 자처했다. 그것이 내 일이라고 여겼다.

교사들이 마음이 아프면 반 전체의 분위기마저 우울해진다. 교사들은 내 뜻을 따라 주었고 나를 든든하게 여기는 듯했다. 누가 교사들을 품어 줄 것인가? 원장은 그들의 입장이 되어 들어주고 그들의 의도를 알아 주며 응원해 줄 때 교사의 열정이 춤을 추게 될 것이다.

원장의 긍정적인 삶의 태도는 교사가 닮고 그 영향을 아이들이 받는다. 그래서 우리들의 작은 노력으로 더 좋은 세상을 만들어 갈 것이다. 나는 교사들의 마음속 이야기를 함께 나누고 교사들이 자기가 맡은 반에서 행복한 비명을 지를 수 있도록 그들의 뒷심이 되어 주는 역할에 힘을 실었다. 이것이 나만의 운영 비결이었다.

아이들의 영원한 친구

어린이집을 시작하고 맨 처음 아이들을 만났을 때, 내 마음은 하늘을 날았다. 아이들의 선생님이 되다니 꿈인가? 생시인가? 이것은 나의 꿈이었고 어느새 그 꿈을 날고 있었다.

처음에 어린이집은 10명 남짓한 인원이었지만, 점차 인원이 늘어 100명이 넘어가니 아이들의 이름조차 외우기가 어려워졌다. 반을 순시하면서 아이들의 이름을 한 명씩 불러보며 얼굴과 이름을 외웠다. 내 이름을 불러 주기를 기다리는 수줍은 아이에서부터 내 곁에 바싹 붙어서 제비처럼 재잘거리는 적극적인 아이까지 모두의 이름을 불렀다. 아이들은 자신에게 관심을 보이고 애정을 쏟는 나를 늘 환영해 주었다.

아이들의 놀이에 함께 빠져 있으면 별세계를 경험한다. 그 작은 몸짓 속에서 나오는 친구에 대한 배려를 엿볼 수 있고, 그 누구의 눈치도 보지 않고 자유로이 자신만의 아이디어를 친구와 나누면서 놀이한다. 또한 놀이에 몰입하여 그 순간을 즐길 줄 안다. 즐거울 때는 웃고 불편할 때는 찡그리면서 자신의 감정에 충실한 그 모습이 부러울 때도 있다. 그야말로 천진한 모습이다.

책을 읽어 주면, 책 속의 인물들과도 서슴없는 대화를 한다. "그건 안 돼! 나쁜 일이야!"라고 두 주먹을 꽉 쥐기도 하고, "토끼가 아파요. 누가 도와주세요!"라며 도움을 요청하기도 한다. 책 속의 주인공들과 함께 울고 웃는 이 앙증맞고 귀한 존재들과의 만남은 늘 감동이다.

"원장님, 찬이 동생이 곧 태어날 거 같아요."

어린이집에서도 동생이 태어나는 일은 가정만큼이나 철저히 준비한다. 왜냐하면 동생이 태어나고 적응하는 몇 개월의 시간이 아이에게는 시련의 시기가 될 수도 있기 때문이다. 형이 되는 아이는 자신만을 사랑하던 엄마의 애정을 동생과 나누어야 하는 심리적 충격이 클 수밖에 없는 시기이기 때문에 주위의 큰 관심과 애정이 필요한 시기이다. 이는 평생 성격에 영향을 줄 수도 있다. 평소보다 찬이의 이름을 한 번 더 불러 주고, 행동에 어떤 변화가 있는지 살피면서 부모님과 협력하여 아이가 동생을 잘 맞이할 수 있도록 돕는다.

심리학자 알프레드 아들러Alfred Adler는 가정환경의 중요성을 이야기하면서 형제간의 출생 순위가 아이 성격에 영향을 크게 준다는 연구 결과를 내놓았다. 아이의 자존감에 상처가 되지 않도록 동생에 대한 질투를 승화시킬 수 있도록 부모가 노력할 수 있도록 돕는다. 자연스럽게 동생을 맞이할 수 있도록 부모님과 함께 노력해야 하는 시기인 것이다.

아이들은 즐겁게 놀아야 할 권리가 있다. 그런데 세상을 어른들의 눈으로 보라고 강요하는 어른들이 있다. 유아 시기에 놀이로 배워야 할 것을 문자를 통한 반복 훈련을 통해서 배운다거나 누가 누가 잘 하나라는 명목으로 아이를 경쟁시킨다면 아이의 존재감에 상처를 주게 된다. 또한 누군가에게 보여 주기 위한 활동이나 발표는 지양해야 한다.

유아기는 무엇인가 목표를 향해 오랜 시간 노력 끝에 해내는 일보다 여러 경험 속에 주도적으로 무언가를 선택하여 경험을 해 나가는 시기다. 그래서 세상에서 일어나는 일들에 대한 아름다움과 호기심을 가지고 자신만의 창의성을 길러 나간다. 같은 것을 반복하여 연습할 시간을 줄이고 주도적으로 선택한 놀이를 해내는 경험을 쌓도록 해 주자.

나는 아이들과 함께 하는 시간 동안 직업에 대한 회의감이 든

적이 없다. 아이들은 그만큼 에너지가 넘치는 존재들이다. 유아들의 선생님이란 아이들을 가르치는 존재가 아니라 오히려 그들의 에너지를 받으면서 살아가는 존재라고 감히 말하고 싶다.

아이들은 그 자체만으로 행복한 존재이다. 생득적으로 자신의 가능성을 가지고 태어난 존재이다. 그들이 안전한 환경에서 자신이 사랑받을 만한 멋진 존재라는 것을 믿게 되면, 아이들은 자신이 가진 강점들을 충분히 발휘한다. 어떤 친구가 가장 좋은가? 나의 속마음을 알아주고 함께 놀아 주는 친구일 것이다. 내게 있어 아이들은 그런 존재이다. 그들을 사랑하고 좋아하는 마음을 알아보고 나를 반겨 주는 그들은 진정한 나의 친구다. 낯 모르는 아이들을 길에서 스쳐 지날 때도 나는 그들의 미래를 응원하는 사랑의 기도를 잊지 않는다. 나는 아이들의 영원한 친구가 되고 싶다.

밑그림을 그리고 끝까지 전진하라

우리는 무슨 일을 시작하든지 그 일에 대하여 우선 밑그림을 그린 후에 일을 시작한다. 오늘 아침에도 나는 플래너에 오늘의 밑그림을 그린다. 그 그림은 눈으로 보이게 그려 놓거나 기록해 놓는다.

내가 어린이집을 시작할 때 그린 그림은 언제 어디서나 아이의 마음을 읽어 주고 공감해 주는 따스한 선생님이 있는 곳이었다. 그 밑그림은 내 마음 깊숙이 새겨져서 나의 말과 행동을 이끈다. 원장실에 있다가도 아이들의 울음소리가 들리면 손님과 대화 중이라도 잠시 양해를 구하고 그 교실로 달려가 상황을 보고 아이에게 도움이 될 일을 찾았다.

어린이집의 특별활동 선생님들은 관문이 있다. 그것은 단 한 가지 아이들을 존중하는 태도를 지녔는가 하는 문제다. 아무리 능력이 출중해도 아이들을 존중해 주지 않으면 자존감 형성에 부정적인 영향을 끼칠 수 있다.

행사 때에도 마찬가지다. 운동회 때에 명 사회자를 소개받은 적이 있다. 그는 이벤트사의 대표로서 인기가 좋았다. 학부모들의 운동회에 대한 관심과 기대는 남달랐기에 그 기대에 부응하느라 나는 사회자를 신중하게 선택했다.

운동회 한 주 전에 유아 릴레이 선수를 뽑을 때면, 형평성에 대한 만전을 기울여야 했다. 이렇게 운동회에 분위기가 무르익어 갈 즈음에 새롭게 진행을 맡은 사회자를 만나 행사 진행을 부탁했고 기대가 컸다. 바람대로 행사를 흥미롭게 잘 진행해 주셨다. 흐뭇한 마음으로 지켜보던 내게 깜짝 놀랄 일이 생겼다. 게임 중간 중간에 학부모와 아이들에게 줄 선물을 던지는 것이었다. 아이들과 부모님들은 흙 묻은 선물을 바닥에서 주워 가고 있었다. 아무리 시간을 아껴가면서 경기를 해야 하고, 재미있다고 해도 그것은 우리 어린이집 밑그림에 어울리지 않았다.

나의 강력한 요구에 행사 중 더 이상 선물을 던지는 일은 일어나지 않았다. 어른들의 행동을 늘 바라보고 자라는 아이들이 있다. 사회자는 나를 이상하게 쳐다보았다.

밑그림을 지키는 삶은 손해를 볼 때도 있고, 오해를 받을 때도 있다. 아이들을 존중하는 것이 최우선인 밑그림을 지켜 나갈 때 아이는 자신이 존중받아 마땅한 존재라는 사실을 깨닫게 된다. 그러나 손해 보고 오해받고 하는 곤란한 상황에서 밑그림조차 흐려지면 사람들은 갈팡질팡 방향을 잃게 된다. 숲속에서 길을 잃었을 때 나침반의 방향을 보고 길을 찾아가듯 일을 시작할 때 초심을 지켜야 올바른 방향으로 전진하게 된다. 물론 그 방향을 수정하고 싶을 때에는 언제든지 신중하게 조금씩 수정해 가면 된다.

문득 어린이집 운영난으로 경제적인 타격을 받을 때면, 어떤 길이 옳은 길인지 고민되고, 좋은 선생님, 멋진 선생님이 밥 먹여주냐는 식의 주위의 따가운 시선이 느껴질 때도 있다. 나는 그 어떤 상황에서도 나의 의사를 분명히 한다. 결과는 세상에 맡기고 열정을 다하여 나의 밑그림에 몰입해야 한다. 꿈이 현실이 되는 날까지 포기하지 않고 열정을 바쳐 밑그림을 향한 질주를 할 때, 끝내 꿈은 현실이 되기 때문이다.

1993년에 이상벽과 정은아가 진행하는 〈아침마당〉에 출연한 적이 있다. '100초 발언대'에 서서 이야기하는 코너였는데 이때 주제가 '친정 아버지'였다. 친정 아버지에 대한 이야기를 100초에 가장 가까운 시간 내에 발표를 마친 사람이 상을 받는 것이었다. 뜻밖의 내가 100초에 가장 근접한 발언을 하여 장원이 되어 영광의 상을 받았다.

그때 발표한 내용을 여기에 짧게 소개하자면, "저희 친정아버지는 딸만 오형제를 두셨답니다. 사랑하는 셋째 딸을 하늘나라에 보내고 곧 회갑을 맞이한 아버지께 위로가 되었으면 하는 소원을 가지고 있었습니다. 바로 그때 KBS에서 '친정아버지'를 주제로 한 이야기를 모집한다는 방송안내를 듣고 곧바로 응모하여 이 자리에 서게 되었습니다. 딸만 두신 저희 아버지는 늘 혼자이셨습니다. 맏딸인 제가 결혼을 하여 출가를 하면서 아버지께 시집을 가서도 잘해 드리겠다고 너무 외로워 하지 말라고 당부한 적이 있는데 그때 아버지께서는 한 마디로 제게 큰 가르침을 주셨습니다.

'이 녀석아, 사랑은 물과 같이 위에서 아래로 흐르는 거란다. 네가 시집을 가서 아이를 낳게 되면 우리가 너희를 사랑한 것처럼 네 자식들을 사랑해 주는 것이 가장 큰 효도니라. 그것이 진정한 사랑이지. 고맙구나.'라고 사랑의 원리를 깨우쳐 주셨습니다. 누가 나에게 잘해 주어서 사랑받는 것도 사랑이지만, 그보다 더한 사랑은 세상의 순리에 따라 조화를 이루면서 살아가는 것이라는 가르침으로 마음에 새겨들었습니다.

저는 그 큰 가르침을 본받고 두 아들을 낳고 행복한 결혼생활을 하고 있습니다. 회갑을 맞이한 아버지께 감사를 드립니다. 축하드립니다."

어린이집에 대한 나의 초심을 굳게 지켜낼 수 있었던 비결이 있다면 바로 그것이다. 우리가 사는 이 세상도 분명 부모의 내리사랑처럼 사랑의 원칙이 있을 것이다. 그 원칙 안에서 밑그림을 그리자.

묵묵히 한 걸음씩 앞으로 내딛으면서 성장해 갈 때, 어느새 꿈은 현실 앞에 우뚝 서게 될 것이다. 기적 같은 오늘을 맞이하려면 늘 밑그림에 거름을 주고 북돋우며 싹을 틔우고 기르는 노력이 필요하다. 그리고 오랜 기다림이 필요할 수도 있다. 새로이 떠오르는 태양과 함께 매일 밑그림을 향한 발걸음으로 수놓아 가자. 그것은 곧 행복한 삶을 향한 행진이 될 것이다. 그 행진을 다음 세대가 받아 다시 흐르는 사랑이 될 것이다.

마치는 글

이 세상 속 나의 사명

하루살이는 하루를 산다. 내가 그랬다. 신혼여행을 갔을 때 남편은 내게 노래를 불러 주었다.

"사슴을 닮아서 눈이 맑은 그 여자~."

"내일 일은 난 몰라요. 하루하루 살아요. 불행이나 요행함도 내 뜻대로 안 돼요~."

남편의 노래에 답가를 했다. 스물다섯 살의 새 신부는 그 답가의 의미를 잘 알지 못했지만 왠지 위로가 되는 가사라서 좋았다. 가난한 집에서 태어났다는 생각은 하지 않았다. 시대적으로 가난하게 살아온 농부의 딸이었고, 어쩌면 부모님의 잦은 불화로 늘 불안했던 인생이었다. 그 불행을 벗어나 행복한 오늘을 맞이할 수 있었던 단 하나의 이유를 찾는다면, 바로 하루하루를 내가 할 수 있는 만큼 최선을 다해 살았다는 점이다.

베트남의 독립을 위해 애쓴 반투안 추기경은 수감 중에 〈지금 이 순간을〉이라는 시를 지었다. 전쟁 속에서 캄캄한 감옥의 어둠 속에서도 삶의 의미를 잃지 않고 '나는 매일 이 순간을 사랑으로 채우리라'라는 노래를 하면서 전쟁에 시달리는 베트남 국민들에게 희망의 전도사가 되었다. 우리에게 주어진 오늘의 의미는 무엇인가? 어제가 존재했고, 오늘이 내게 펼쳐지고 있고, 내일이 예정된 그 이유는 무엇일까? 인생이란 그것을 찾는 일이고, 깨닫는 일일 것이다.

나는 나만의 사명서가 있다. 2006년도에 '성공하는 사람들의 7-habits' 프로그램에 참여하면서 내 삶의 사명서를 쓰기 시작했다. 세상이 내게 맡겨 준 사명을 스스로 찾아내고 그것을 지켜가면서 사는 삶은 보람과 의미를 안겨 주었고 내일이 기다려지는 삶을 살게 했다. 물론 이 사명서는 많은 이들의 사명서를 참고하면서 작성했다. 여기에 소개한다.

나의 사명서

무엇보다 중요한 것은 내 삶에 대한 나의 외적, 내적 태도다. 나는 아름다운 이 세상 속에서 매일 더 멋진 삶을 살기 위해 죽기까지 사람들을 사랑하고, 계속 공부하고 훈련하며, 이 세상에 위대한 유산을 남긴다.

- 나는 가족 운동가이다.
- 대화법, TA, 버츄, 감성(EQ), Let 소통리더십, 웰다잉 자서전 강의로 사람들의 마음이 통하는 세상을 만든다.
- 책을 3권 이상 쓴다.
- 55세 이상 대상으로 자서전 프로그램을 개발하고 운영하며 노령화 시대를 맞이한 노인들의 웰다잉을 돕는다.

1. 나는 나 자신을 존경하고 아름다움을 가꾸며 모든 것이 지금보다 더 나아질 것으로 믿으며 삶을 영위한다.

- 의식 수준이 높아질 수 있도록 늘 깨어 기도, 명상, 독서를 한다.
- 건강한 신체를 유지하고 지속적으로 관리한다.
- 매주 1권의 책을 읽고 중요한 구절을 기록한다.
- 명랑하고 유머 있는 사람이 된다.

- 평생 배우는 일을 계속한다.
- 나 자신을 포함하여 소우주인 사람들을 존중하고 아끼고 사랑한다.
- 음악을 즐기는 사람이 된다.

2. 나는 사람을 아끼고 사랑한다.

- 좋은 아내가 된다.
- 몸과 마음이 건강한 부부가 된다.
- 등산, 여행, 미사, 탁구, 기타 연주, 자서전 쓰기를 부부가 함께 한다.
- 사랑을 적극적으로 표현하며 에너지를 주는 부부가 된다.
- 남편의 건강을 챙겨 주고 부르면 응답하는 아내가 된다.
- 나의 갈등을 숨기지 않고 나누는 솔직한 아내가 된다.
- 남편이 하고 싶은 일을 적극 지지한다.
- 노후 생활을 서로 의논하여 5년 단위 계획을 세우고 실행한다.
- 아이들의 일에는 서로 의논하여 의견을 일치시킨다.
- 좋은 부모가 된다.
- 연중 가족 여행의 날을 정하여 2박 3일 정도의 휴가를 즐긴다.
- 자식과 함께 하는 좋은 시간을 마련하고 즐긴다.
- 아이들이 집에 오면 편안한 집안 분위기를 유지하고, 맛있는 요리를 해 준다.

- 자식을 아끼고 사랑하고 존중한다.
- 자식에게 좋은 인생 선배로서의 다정한 부부, 행복한 삶의 모델이 된다.
- 두 아이만의 삶의 여정을 늘 응원하고 기도하고 적극적으로 협조한다.
- 부모님의 좋은 자식이 된다.
- 명절, 생신, 제사를 모신다.
- 부모님과 매주 미사를 함께하며 일주일에 하루는 우리 집으로 모신다.
- 부모님께 매일 안부 전화를 드린다.
- 부모님 목욕을 시켜 드린다.
- 부모님이 병원에 가시는 일을 적극적으로 기쁘게 도와 드린다.
- 부모님이 평화로운 마음으로 죽음을 준비하도록 돕는다.
- 좋은 형제, 친지가 되어 준다.
- 사람들을 우리 집에 초대하는 일을 월 1회 이상 한다.
- 기념일, 경조사에 적극 참여한다.
- 시간을 잘 지킨다.
- 모임은 항상 열정적으로 참여한다.

3. 사랑하는 사람들을 위해 기도한다.

- 나는 매일 가족과 이웃을 위해 기도한다. 그리고 선한 일을 하는

사람들을 위해서도 기도한다.

• 나는 봉사활동에 적극적으로 참여하며 나누는 삶을 산다.

• 물질적. 정신적 기부에 스스로 적극 참여한다.

4. 인생 후배들에게 모범이 되는 롤 모델이 된다.

• 모두에게 행복하고 평화로운 인생의 모델이 되고, 각자의 인생을 존중할 줄 아는 리더가 된다.

5. 나는 더 좋은 세상을 위한 안내자다.

• 지역사회 안에서 나의 역할을 충실히 하여 지역사회 발전에 기여한다.

• 나를 필요로 하는 사람에게 도움을 준다.

• 이 시대의 성인을 닮아서 미덕을 내면화 하여 더 큰 자아를 실현해 간다.

• 2차 자서전 초고를 2020년 12월까지 마무리하여 세상에 유산으로 내어 놓는다.

• 2020년 이내에 노인들의 행복한 세상을 위한 자서전 프로그램을 개발하고 운영한다.

• 행복한 세상을 위한 소통강의를 통해 세상을 밝힌다.

나는 위의 사항들을 계속 수정해 나가며 이 세상의 근원인 나의 생명을 가꾸어 간다.

사명서는 내가 인생을 살아가면서 어디로 가야 할지 모를 때 그 방향을 선뜻 제시해 주었고, 오늘 이 순간 내가 할 일을 알게 해 주었다.

이 글을 쓰는 동안 내가 걸어온 삶의 구석구석 내 발걸음 하나 하나에 담겨 있는 나의 정성과 의미를 발견하는 시간이 되었다. 사명서가 내 삶의 나침반이라면 이 책은 사명서를 풀어 놓은 하나의 실천서로 소개하고 싶다.

오늘의 내 모습은 분명 어제 내가 꿈꾸었던 '마음씨 좋은 선생님'의 모습이었다. 또한 사람들의 다름을 받아들일 수 있는 마음의 품도 생겼다. 소우주인 나의 진정한 행복은 온 세상과의 조화 속에서 자신의 사명을 발견하고 그 사명을 위해 오늘을 사는 것이라는 진리도 깨달았다. 원장이란 이름이 내게 남겨 준 선물이다.

추천의 글

저자는 우리의 삶에서 사랑과 관심이 그 무엇보다도 중요하다고 강조하고 있습니다. 그 바탕 위에 꿈을 꾸고 이루며 또 다른 도전을 할 수 있을 것이죠. 이 책은 현장에서 수고하는 원장과 교사에게 새로운 자극과 도전이 되리라 믿습니다. 오늘도 새로운 꿈을 꾸는 교사들에게 이 책을 추천합니다.

– 임종애(국공립 어린이집 원장)

우리는 평생 동안 다듬어집니다. 온유와 인내, 초연의 미덕은 자신의 모난 부분을 연마해 주기도 하죠. 이 책은 나만의 신념을 갖게 해 줄 뿐만 아니라 도전과 용기를 선사해 줍니다. 오늘도 교육 현장에서 애쓰는 교사들이 이 책에 소개된 버츄를 통해 성장하기를 바랍니다.

– 권영선(푸른꿈 어린이집 교사)

이 책을 보고 있으면 내면 깊은 곳에서 맑은 종소리가 울려 퍼집니다. 그리고 "당신도 할 수 있어요."라는 뜨거운 격려의 목소리도 들리는 것 같습니다. 만약 나만의 길라잡이가 있다면 내 안에 피어나는 행복은 더 커질 것입니다. 그 '좋은 선생님'을 이제 당신에게도 소개하고 싶습니다. 꿈을 이룰 당신에게 이 책을 추천합니다.

– 김지현(푸른 꿈 어린이집 교사)

이 책은 꿈을 향한 끊임없는 노력으로 초보 엄마에서 성공한 원장이 되기까지 모든 경험을 담았습니다. 원장뿐만 아니라 교사와 학부모에게도 좋은 귀감이 되는 책입니다. 꿈을 꾸고 도전하는 이들에게 추천하며, 지금도 다시 꿈을 꾸고 도전하는 저자에게 존경과 찬사를 보냅니다.

– 여상인(국공립 낙원 어린이집 원장)

삶이 무의미하다고 느껴질 때 저자와의 인연을 생각하면 다시 힘이 납니다. 대한민국의 모든 여성들이 이 책을 통해 자신의 꿈을 이루길 바랍니다.

– 박은영(민간 어린이집 주임 교사)

저자의 이야기는 저를 한층 단단한 마음과 결의에 차게 도와주었습니다. 바로 확신에 찬 모습으로 꿈을 향해 도전하는 진정한 저의 모습을 보았습니다. 위로와 용기를 주셔서 고맙습니다.

– 이혜영(민간 어린이집 원장)

이 책의 내용은 전국에 있는 어린이집 원장과 교사, 부모가 함께 읽으면 많은 도움이 될 것입니다. 소통의 달인이자 미덕 인성 교육을 하는 저자의 교육관이 널리 전달되기를 바랍니다.

– 송오근(민간 어린이집 원장)

나 역시 어린이집을 운영하고 있지만 저자의 이야기에 무릎을 칠 만큼 많은 공감과 도움을 얻었습니다. 나의 막연하고 이기적이었던 운영자의 정체성과 정리되지 않은 열정들을 이끌어 줄 나침반도 찾았습니다. 책에 소개된 삶의 지혜와 어린이집 운영의 노하우들을 배우고 갑니다.

– 서희(민간 어린이집 원장)

이 책은 '앞으로 어떻게 살 것인가?'라는 불안한 생각을 반성하게 해 주었고 그동안 잊고 살았던 꿈에 대해 다시 도전할 수 있게 만들었습니다. 지금 무엇을 어떻게 해야 할지 갈피를 잡지 못하거나 삶의 무게가 버거워 힘든 시간을 보내는 분에게 이 책을 꼭 추천하고 싶습니다.

– 이의영(민간 어린이집 원장)

이 책은 인생이 허무하다고 느껴질 때 다시 꿈을 꾸게 합니다. 나 자신이 가장 소중한 존재라는 것을 일깨워 주는 책입니다.

– 이순녀(푸른 꿈 어린이집 교사)

링컨은 '내가 성공을 했다면 오직 천사와 같은 어머니의 덕이다'라고 말했고, 독일 소설가 장 파울은 '어머니는 우리 마음속에 얼을 주고 아버지는 빛을 준다'는 말을 남겼습니다. 또한 유대인들은 '신은 모든 곳에 있을 수 없기에 어머니를 만들었다'라고 말합니다. 어머니가 한 가정에서 만큼은 '신의 분신'이라는 뜻이겠지요.

이 책의 저자는 어린이집 원장님의 어머니로 불릴 만큼 지역 내에서도 명성이 높습니다. 또한 가족 구성원과 교직원들의 특성을 잘 이해하므로 아이들의 발달 과정에 필요한 전문성을 지닌 분입니다. 바로 이 책은 저자의 오랜 연구의 산물입니다. 모두에게 이 책을 권하며 저자에게 깊은 존경과 찬사를 보냅니다.

– 박향미(2020년 안성시 어린이집연합회지회장,
한경대학교 직장어린이집 원장)